無料 相続税申告ソフトを使って

自分で相続税の申告ができる本

税理士 岡野 雄志(おかの ゆうし)

幻冬舎MC

無料相続税申告ソフトを使って
自分で相続税の申告ができる本

はじめに

　相続税の申告を税理士に依頼すると、納税額は０円でも（「配偶者の税額の軽減」や「小規模宅地等の特例」を利用すれば相続税額が０円になる場合でも申告は必要です）、当然のことながら税理士への報酬は発生します。かねてから私は、相続税額以上の報酬をいただくことを、とても心苦しく思っていました。
　もちろん、財産額が大きい方など税理士に依頼すべき人もいますが、「自分で申告できるのになあ」と感じることも少なくないからです。そういった方の力になりたい、そう思ったのが、本書と、無料の申告ソフトを世に出すことにした理由です。

　いままでにも、自分で相続税申告をするための方法を記した書籍はありました。それらの書籍では手書きによる作成方法を紹介していましたが、手書きで申告書を作成するのは非常に面倒かつ、難しい作業です。
　そのため税理士は一般に、相続税の申告ソフトを使って申告書を作成しています。しかし、人生にそう何度もない相続税申告のために、皆さんが高額な有料ソフトを購入するのもどうか、という話です。
　そういった状況を鑑みて、相続税申告を自分でする方のために、無料の申告ソフト『ひとりで申告できるもん』の開発に取り組み、そして平成30年（2018年）6月に、皆さんに使っていただけるよう、正式にリリースしました。この書籍では、ソフトの利用方法や、ソフトを使った申告書の作成方法も解説しています。

　ソフトは無料のものである以上、万人の財産状況に対応しているわけではありません。例えば、農地を相続した方には対応していません。しかし、基本的な特例は全て機能に盛り込んでいますから、一般的な財産構成の方であれば、ソフトを使った申告書作成が可能なはずです。逆に、『ひとりで申告できるもん』では作成できない場合、特殊な相続にあてはまりますので、専門家である税理士に依頼しましょう。自身で作るか専門家に依頼するか、そのような判断の指針としても、ソフトをご活用いただけると思います。

　財産額でいうと、自身での申告が可能である（『ひとりで申告できるもん』の対象者）と私が考えるのは、2億円以下の方です。実に、相続税の申告が必

要な人のうち、8割にのぼると言われています。多くの方にとって実用的なソフトであると自負しています。

　ぜひ、本書と『ひとりで申告できるもん』を利用して、皆さんも自力での申告にチャレンジしてみてください。多くの方の力になれることを願っています。

　2019年7月　岡野雄志

本書の使い方

以下の順序で相続税の申告書を作成していきます。

① **第1章（P11）**
申告ソフトを使って自分で申告できるかどうかを確認する。
難易度チェックシート→P26

② **第2章（P31）**
申告に必要な書類を集める。

③ **第3章（P79）**
財産の評価をする。

④ **第4章（P133）**
ソフトを使って申告書を作成する。
申告ソフトの登録方法→→P204

⑤ **第4章（P202）**
作成した申告書を提出する。

目次

はじめに
- はじめに ... 2
- 本書の使い方 ... 4

第1章　事前準備①
書き込み式ワークシートで我が家の現状を把握しよう

基礎知識　まずは相続税の基礎知識を確認しよう
- 基礎知識❶　そもそも相続税って？ ... 12
- 基礎知識❷　相続税の申告が必要な人とは？ ... 13
- 基礎知識❸　相続税申告の流れ・期限 ... 14
- 基礎知識❹　税務調査って？ ... 15

事前準備　我が家は申告いる？　いらない？
- 事前準備❶　相続人関係図を作ってみよう ... 16
- 事前準備❷　法定相続人を確認してみよう ... 17
- 事前準備❸　財産を洗い出してだいたいの遺産総額を計算してみよう ... 18
- 事前準備❹　申告の要否を確認してみよう ... 22
- 事前準備❺　相続税額を算出してみよう ... 24

事前準備　自分で申告できる？　難しい？
- 事前準備❻　相続税申告の難易度チェックシート ... 26

- COLUMN　平成30年の相続法改正について ... 28

第2章 事前準備②
申告に必要な書類を集めよう

はじめに
　相続税の申告に必要な書類とは？　　　　　　　　　　　　　　　　32

遺産分割関係の書類
　書類集め❶　遺産分割関係の書類を集めよう　　　　　　　　　　　33

身分関係の書類
　書類集め❷　身分関係の書類　　　　　　　　　　　　　　　　　　39

財産関係の書類（土地・建物）
　書類集め❸　財産関係の書類（土地・建物）を集めよう　　　　　　46
　役所等で取得する書類　　　　　　　　　　　　　　　　　　　　　46
　倍率表・路線価図の取得　　　　　　　　　　　　　　　　　　　　51
　小規模宅地の特例に必要な書類　　　　　　　　　　　　　　　　　57

財産関係の書類（現金・預貯金）
　書類集め❹　財産関係の書類（現金・預貯金）を集めよう　　　　　58

財産関係の書類（株式）
　書類集め❺　財産関係の書類（株式）を集めよう　　　　　　　　　62

財産関係の書類（生命保険）
　書類集め❻　財産関係の書類（生命保険）を集めよう　　　　　　　65

贈与関係の書類
　書類集め❼　贈与関係の書類を集めよう　　　　　　　　　　　　　70

債務・葬式費用関係の書類
　書類集め❽　債務・葬式費用関係の書類を集めよう　　　　　　　　74

その他の書類
　書類集め❾　その他の書類を集めよう　　　　　　　　　　　　　　76

| COLUMN 仮想通貨・マイレージ・各種ポイントの相続について | 77 |

第3章 事前準備③
財産を分割・評価しよう

財産を分割しよう

| 遺言書がある場合 | 80 |
| 遺言書がない場合 | 84 |

財産を評価しよう（土地）

土地の評価単位	87
宅地の評価をしよう	89
宅地の評価❶（奥行価格補正率）	94
宅地の評価❷（側方路線影響加算率）	97
宅地の評価❸（二方路線影響加算率）	100
宅地の評価❹（間口狭小補正率）	102
宅地の評価❺（奥行長大補正率）	104
宅地の評価❻（不整形地補正率）	106
宅地の評価❼（貸宅地）	111
宅地の評価❽（貸家建付地）	113

財産を評価しよう（家屋） 115

財産を評価しよう（事業用財産） 116

財産を評価しよう（現金・預貯金） 117

財産を評価しよう（有価証券）

有価証券（上場株式）の評価	118
有価証券（非上場株式）の評価	119
家庭用財産の評価	126

生命保険金の評価	127
退職金の評価	128
その他の財産の評価	129
COLUMN 相続人が海外にいる場合	130

第4章 申告書を作成しよう

ソフトを使いながら作成していこう

申告書作成の手順の確認

申告書の作成について	134
申告書の作成手順	134

記入例の確認

記入例	135

申告書を作成していく

ソフトを使う場合　相続人・被相続人情報を入力	137
STEP1　各種明細書の作成	138
ソフトを使う場合　第9表を作成するための情報を入力	141
ソフトを使う場合　第11・11の2表の付表1を作成するための情報を入力	149
ソフトを使う場合　第14表を作成するための情報を入力	153
ソフトを使う場合　第4表の2を作成するための情報を入力	156
ソフトを使う場合　第11の2表を作成するための情報を入力	159
STEP2　第11表の作成	161
ソフトを使う場合　第11表を作成するための情報を入力	163
STEP3　第13表の作成	169
ソフトを使う場合　第13表を作成するための情報を入力	170
STEP4　第15表の作成	172

STEP5　第1表と第2表の作成	176
STEP6　各種控除の反映	184
ソフトを使う場合　第7表を作成するための情報を入力	192
ソフトを使う場合　その他のソフトの機能	197
相続税申告書の提出	202
相続税の納付	202
COLUMN　延納・物納	203

巻末付録

巻末付録　相続手続きチェックリスト	204

第1章

事前準備①

書き込み式ワークシートで
我が家の現状を把握しよう

フロー・ページに従って進めていけば、
相続税申告が必要かどうか、
申告を自分でできるのかどうかが分かります。

事前準備① ～現状把握～ ▶ 事前準備② ～書類集め～ ▶ 事前準備③ ～財産評価～ ▶ 申告書の作成 ▶ 申告書の提出

基礎知識

まずは相続税の基礎知識を確認しよう

基礎知識❶ そもそも相続税って？

　相続税とは、亡くなった人（被相続人）が遺した財産の総額が一定額を超えた場合、それを引き継ぐ際に課せられる税金のことです。

　引き継ぐ財産の額に応じて、民法によって定められた相続人（法定相続人）や、遺言によって引き継ぐことになった人（受遺者）に課せられます。

　相続税の申告が必要かどうかについては、税務署から連絡がくるとは限りませんので、しっかりと自分自身で判断しなければなりません。

　また、贈与税は、個人が贈与により財産を取得した際に、その取得した財産に課される税金です。この贈与税ですが、相続税を補完する役割を果たしています。生前に贈与することで相続税の課税を逃れようとする行為を防いでいるのです。よって、贈与税の税率は相続税よりも高めに設定されています。

基礎知識❷ 相続税の申告が必要な人とは？

■**財産総額が基礎控除額以上の場合**

相続税の申告が必要かどうかを知るためにはまず、基礎控除額を計算しましょう。

相続税の基礎控除額＝3,000万円＋600万円×法定相続人の数

例えば、法定相続人が2人の場合、相続税の基礎控除額は4,200万円となります。この場合、被相続人の財産総額が4,200万円を超えていたら、相続税の申告が必要となります。

ただし、死亡保険金や死亡退職金の非課税枠や障害者控除などを、上記の基礎控除額に上乗せして納税額から引くことができます。それらの特例や控除を使い、相続税額が0円になる場合には、申告も納税も必要ありません。

一方、配偶者の税額の軽減や小規模宅地等の特例など、特例を用いることにより相続税がかからずにすむという場合は、申告が必要です。

法定相続人の数	1人	2人	3人	4人	5人
基礎控除額（単位：万円）	3,600	4,200	4,800	5,400	6,000

■**財産の総額の出し方（財産評価の方法）**

財産には現金・預貯金などのほかに、不動産や貴金属など価値がひと目で分からないものも含まれます。その価値を評価する際には、基本的に、被相続人が亡くなった日の時価を基準にします。

国税庁が評価方法を記載した財産評価基本通達を発表していますので、それに従って算出していきましょう。

■**申告が必要な人はどれくらいいるのか**

平成29年に全国で亡くなった人は約134万人です。そのうち申告が必要な人は、特例などの適用により相続税が課税されずにすんだ人も含め、全国で約14万4,000人（10.7％）でした。相続税はとても身近な税ということがいえます。

基礎知識❸　相続税申告の流れ・期限

　相続税の申告は、相続人が、被相続人の住所を管轄している税務署で行います。

　納付の際は、現金での一括払いが原則で、申告と納付の期限は、被相続人が亡くなった日の翌日から10カ月以内となっています。

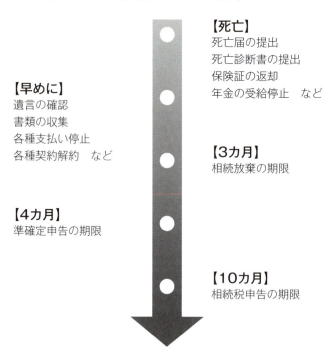

【死亡】
死亡届の提出
死亡診断書の提出
保険証の返却
年金の受給停止　など

【早めに】
遺言の確認
書類の収集
各種支払い停止
各種契約解約　など

【3カ月】
相続放棄の期限

【4カ月】
準確定申告の期限

【10カ月】
相続税申告の期限

【相続税を納める人】
(1) 財産を引き継いだ相続人
(2) 遺言により財産を引き継いだ受遺者
(3) 相続を放棄したが、保険金を受け取った相続人
(4) 被相続人から生前3年以内に贈与を受けた相続人

基礎知識❹　税務調査って？

　税務調査とは、相続税、法人税、所得税などについて提出した申告書の内容が正しいかどうか、税務署の調査官が実際に確認しにくることです。万が一、虚偽の申告や内容の漏れなどが見つかれば、加算税というペナルティを科せられます。

■**どれくらいの割合で入るのか**
　平成29年（2017年）の税務調査の実施割合をみると、法人税3.4％、所得税0.33％（簡易な接触を除く）、相続税9.5％となっています。相続税は、非常に高い確率で税務調査が行われていることが分かります。
　また、相続税は法人税や所得税に比べ、1件当たりの追徴税額が高額になりやすいのも特徴です。平成29年の平均追徴税額は、623万円です。相続は人生で何度も経験することではないため、慣れない申告で漏れ等が発生しやすいのです。

【税務調査が入りやすい人】
（1）現金、預貯金の流れに不明瞭な点がある人
（2）申告書のレベルが低い人（手書きで作成した申告書など）
（3）納税額が高い富裕層
（4）金融資産を多く相続した人
（5）税理士をつけず、自分で相続税を申告した人
（6）相続人間でもめて、それぞれ別々に申告書を提出した人
（7）相続税がかかるのに無申告の人

事前準備

我が家は申告いる？ いらない？

事前準備❶ 相続人関係図を作ってみよう

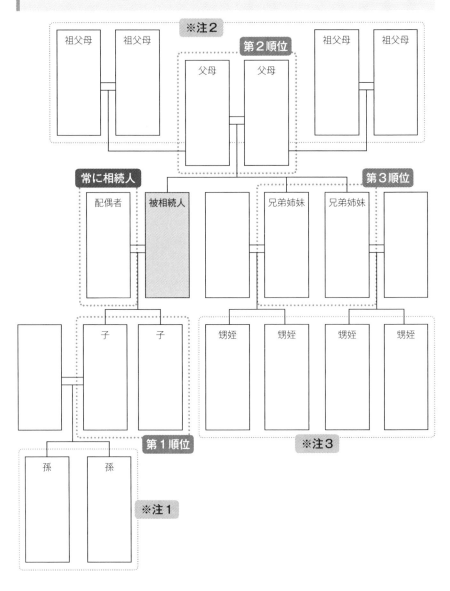

事前準備❷ 法定相続人を確認してみよう

　相続人関係図を作成したら、次に誰が法定相続人に当たるのかを確認しましょう。法定相続人とは、民法で定められた相続人のことをいいます。どういった順位で法定相続人になるのかはP16の図で確認してください。法定相続人の数は、基礎控除や死亡保険金、死亡退職金の非課税枠の計算で利用します。

■法定相続人の優先順位

相続順位	法定相続人	備考
第1順位	直系卑属 （子・孫）	※注1. 子が先に亡くなっている場合、その子である孫が相続人になる
第2順位	直系尊属 （父母・祖父母）	※注2. 父母が先に亡くなっている場合でも、どちらかが存命であれば祖父母は相続人にならない
第3順位	兄弟姉妹	※注3. 兄弟姉妹が先に亡くなっている場合、その子である甥姪が相続人になる

■我が家の法定相続人と各法定相続分

続柄	氏名	法定相続分
合計	人	合計 1/1

事前準備❸ 財産を洗い出してだいたいの遺産総額を計算してみよう

■プラスの財産

種類	財産情報			相続人情報				
	所在地	面積	価額	相続人1	相続人2	相続人3	相続人4	相続人5
土地								
		土地計		←P22の「土地」欄に転記				
種類	所在地	面積	価額	相続人1	相続人2	相続人3	相続人4	相続人5
家屋								
		家屋計		←P22の「家屋」欄に転記				

POINT 固定資産税の評価明細書の見方

大まかな土地の価額を出す際は、固定資産税評価額に1.1をかけて算出します

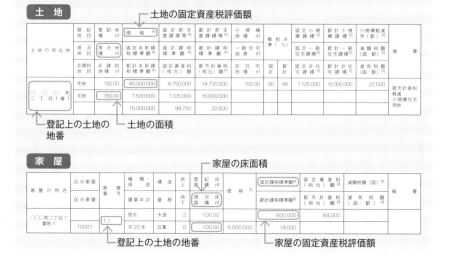

第1章

財産情報				相続人情報				
種類	利用区分・銘柄など	所在地	価額	相続人1	相続人2	相続人3	相続人4	相続人5
事業用財産								
	事業用財産計			←P22の「事業用財産」欄に転記				

種類	利用区分・銘柄など	証券会社名	価額	相続人1	相続人2	相続人3	相続人4	相続人5
有価証券								
	有価証券計			←P22の「有価証券」欄に転記				

種類	所在地		価額	相続人1	相続人2	相続人3	相続人4	相続人5
現金								
	現金計			←P22の「現金」欄に転記				

種類	利用区分・銘柄など	金融機関名	価額	相続人1	相続人2	相続人3	相続人4	相続人5
預貯金								
	預貯金計			←P22の「預貯金」欄に転記				

財産情報				相続人情報				
種類	利用区分・銘柄など	保険会社名	価額	相続人1	相続人2	相続人3	相続人4	相続人5
死亡保険金								
	死亡保険金計			←P22の「死亡保険金」欄に転記				
種類	利用区分・銘柄など	会社名	価額	相続人1	相続人2	相続人3	相続人4	相続人5
死亡退職金								
	死亡退職金計			←P22の「死亡退職金」欄に転記				
種類	利用区分・銘柄など		価額	相続人1	相続人2	相続人3	相続人4	相続人5
家庭用財産								
	家庭用財産計			←P22の「家庭用財産」欄に転記				
種類	利用区分・銘柄など		価額	相続人1	相続人2	相続人3	相続人4	相続人5
その他の財産								
	その他の財産計			←P22の「その他の財産」欄に転記				
	プラスの財産合計			←P22の「合計」欄に転記				

■マイナスの財産

種類	財産情報			相続人情報				
	利用区分・銘柄など	保険会社名	価額	相続人1	相続人2	相続人3	相続人4	相続人5
債務								
		債務計		←P22の「債務」欄に転記				

種類	利用区分・銘柄など	会社名	価額	相続人1	相続人2	相続人3	相続人4	相続人5
葬式費用								
		葬式費用計		←P22の「葬式費用」欄に転記				
	マイナスの財産合計			←P22の「合計」欄に転記				

事前準備❹ 申告の要否を確認してみよう

1．プラスの財産

財産の種類	合計額	
土地	計　　　　　　　円	←P18の「土地」を転記
家屋	計　　　　　　　円	←P18の「家屋」を転記
事業用財産	計　　　　　　　円	←P19の「事業用財産」を転記
有価証券	計　　　　　　　円	←P19の「有価証券」を転記
現金	計　　　　　　　円	←P19の「現金」を転記
預貯金	計　　　　　　　円	←P19の「預貯金」を転記
死亡保険金	計　　　　　　　円	←P20の「死亡保険金」を転記
死亡退職金	計　　　　　　　円	←P20の「死亡退職金」を転記
家庭用財産	計　　　　　　　円	←P20の「家庭用財産」を転記
その他の財産	計　　　　　　　円	←P20の「その他の財産」を転記
合計	円	←P23の4の①へ転記

2．マイナスの財産

財産の種類	合計額	
債務	計　　　　　　　円	←P21の「債務」を転記
葬式費用	計　　　　　　　円	←P21の「葬式費用」を転記
合計	円	←P23の4の②へ転記

3．基礎控除額

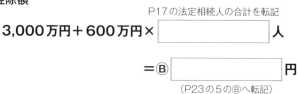

4．課税財産の総額

P22のプラスの財産合計を転記　　P22のマイナスの財産合計を転記

① [　　　　] － ② [　　　　] ＝ Ⓐ [　　　　] 円

（5のⒶへ転記）

5．相続税のかかる部分

Ⓐ [　　　　] － Ⓑ [　　　　] ＝ [　　　　] 円

（P24の1へ転記）

　計算結果が1円以上である場合、相続税の申告が必要です。計算結果が0円以下だった場合は相続税の申告は必要ありません。しかし、もしギリギリ0円だった場合は、念のため、税理士に相談してしっかり試算してもらいましょう。何らかの財産を見落としていた場合、相続税の申告が必要になる可能性があるからです。

POINT　相続税額が0円＝申告の必要がないわけではない!?

既に本書で述べたように、相続財産額が基礎控除額に及ばない場合は、相続税の申告は必要ありません。申告が必要なのは、①相続税が少しでも発生する場合、もしくは、②相続税は0円だが申告しないと使えない特例（配偶者控除や小規模宅地等の特例）を使いたい場合、の2パターンです。これらに当てはまる場合は、申告しないと「無申告加算税」がかかってしまいます。

事前準備❺　相続税額を算出してみよう

1．課税財産の総額を法定相続分で分けます。
※実際に相続した額ではなく法定相続分である点に注意

P23の5を転記

続柄	氏名	法定相続分	法定相続分(円)
			円
			円
			円
			円
			円
			円

2．それぞれの法定相続分（円）に右の税率表の税率を掛け、それを合算します。
※控除額の記載があれば控除します

続柄	氏名	法定相続分（円）	法定相続分で計算した相続税額
			円
			円
			円
			円
			円
			円
		合計	円

3. 相続税額の合計である □ 円を、実際に相続した割合で按分します。

例）相続税額 200 万円の例。長男が 1500 万円、次男が 500 万円を相続した場合、長男は 150 万円、次男は 50 万円の相続税を支払う。

続柄	氏名	法定相続分で計算した相続税額の合計	実際の按分割合	各人の相続税額
				円
				円
				円
				円
				円
				円
			合計	円

税率表

決定相続分に応ずる取得金額	税率	控除額
1,000万円以下	10%	―
3,000万円以下	15%	50万円
5,000万円以下	20%	200万円
1億円以下	30%	700万円
2億円以下	40%	1,700万円
3億円以下	45%	2,700万円
6億円以下	50%	4,200万円
6億円超	55%	7,200万円

POINT　遺産が未分割の場合はどうしたらいいのか？

相続税の申告をしなくてはいけない。しかし遺産分割協議がまとまらず、相続税申告の期限に間に合わない。そんなときでも、申告しないというのはNGです。たとえ正確でなくても、とりあえずの概算で申告をしなくてはいけません。後で修正申告をすれば、多めに申告していた分の税金は戻ってきます。

事前準備

自分で申告できる？　難しい？

事前準備❻　相続税申告の難易度チェックシート

■相続税申告の難易度チェックシート

No.	状況	質問	yes	no
1	遺産分割の状況	遺産分割は済んでいますか？	A	B
2		相続人同士の仲は良好ですか？	A	B
3	遺産の状況	主な相続財産は自宅と現金ですか？	A	B
4		被相続人の配偶者はご健在ですか？	A	B
5		小規模宅地等の特例を使いますか？	B	A
6		生前贈与は有りましたか？	B	A
7		過去10年間に他の方の相続は有りましたか？	B	A
8		賃貸物件のオーナーですか？	B	A
9		農地や山林の相続は有りますか？	B	A
10		海外財産の相続は有りますか？	B	A

Aのみ	比較的難易度が低いです。 ソフトを使った申告にチャレンジしてみましょう！
Bが1〜4	難しい内容もありますが、自分で申告できるレベルです。 分からないことは調べつつ進めていきましょう。
Bが5以上	自分で申告するのはリスクが高いです。 税理士に相談しましょう。

※9と10が「yes」だった方についてはソフトを使った申告はできません。

■**自分で申告するのが難しい場合　税理士に相談する**

　複雑な土地を相続した場合などは、できる限り税理士に依頼しましょう。税理士に依頼することで、結果的に節税に繋がるケースも多々あります。ただ、税理士の選び方には注意が必要です。税理士には医師と同じで専門分野があります。内科医に外科手術をお願いしないのと同様に、ふだん所得税や法人税を取り扱っている税理士には相続税の申告を依頼するべきではありません。相続税専門の税理士事務所を選びましょう。間違った税理士選びは、税金の過大納付に繋がります。

■**難しくても自分で申告したい場合　還付を検討しよう**

　自分で申告する方にぜひ検討してもらいたいのが、「相続税の還付」です。読んで字の如く、払い過ぎた税金を取り戻すための手続きで、正式には「更正の請求」と言います。請求期限は、相続開始から5年10カ月、申告期限からは5年です。特に土地を所有している方は、税理士に依頼することで大幅に評価額が下がる可能性があります。弊所でも過去、億単位で戻ってきたお客様がいらっしゃいました。

　また、税理士に依頼した場合でも、税務調査を避けるためにわざと高めの税額で申告する場合があります。高額な税金を支払った方はぜひセカンドオピニオンを検討してみてください。

COLUMN

平成30年の相続法改正について

　平成27年（2015年）。相続税制が改正され、基礎控除額の引き下げや相続税率の一部引き上げが施行されました。この改正によって申告および納税義務者の数は、なんと倍近くに増加。結果的に、相続税は大幅な増税となったわけです。

　そして、平成30年（2018年）の7月。今度は民法における相続法の改正案が成立しました。相続法が改正されるのはなんと約40年ぶり（！）。高齢化が進む社会の現状に対応するため、相続に関するルールを見直す必要が出てきたのです。
　新たな相続法は、平成31年（2019年）1月13日から段階的に施行されています。出版現在、まだまだ不明確な点も残りますが、施行の時系列に沿って簡単に解説していきましょう。

【平成31年（2019年）1月13日施行】
・自筆証書遺言の方式緩和
【令和1年（2019年）7月1日施行】
・遺産分割に関する見直し（預貯金の払い戻し制度の新設など）
・遺留分制度に関する見直し
・相続の効力等に関する見直し
・相続人以外の者の貢献を考慮するための方策（特別の寄与の制度の創設）
【令和2年（2020年）4月1日施行】
・配偶者の居住権を保護するための方策（配偶者居住権の新設など）
【令和2年（2020年）7月10日施行】
・自筆証書遺言の保管制度の創設（遺言書保管法）

この中でも特にインパクトが大きいのは、なんといっても「配偶者居住権の新設」でしょう。今回の相続法の改正により、被相続人の配偶者（妻や夫）の居住権が、より強力に保護されるようになりました。新設される居住権は、「配偶者短期居住権」と「配偶者居住権」の2つですが、特に重要なのは後者の「配偶者居住権」です。この改正により、配偶者は居住している不動産に加えて、金融資産など他の資産も同時に受け取れるようになりました。

　また、預貯金の払い戻し制度が新設されたことにより、150万円を上限として、【相続開始時の預貯金債権の額×1/3×法定相続分】にあたる額を払い戻しできるようになりました。とはいえ、当面の生活費を確保したいのであれば、今まで通り、生命保険や遺言信託を活用することも検討していただきたいと思います。

　その他、遺言についても大きな変更がありました。まず、自筆証書遺言に添付する財産目録に関して、パソコンでの作成が可能になりました。また、これまで自宅で保管するしかなかった自筆証書遺言が、法務局で保管できるようになります。自宅で保管する場合、紛失、改ざんの危険性が少なからずあったわけですから、便利かつ安全になったといえるのではないでしょうか。ただ、制度の施行前に遺言書を持って行っても受け付けてくれませんから、施行日を待って申請するようにしてくださいね。

第2章
事前準備②

申告に必要な書類を集めよう

まずは、申告書を作成するために
必要な書類を集めていきましょう。

事前準備①　→　事前準備②　→　事前準備③　→　申告書の作成　→　申告書の提出
〜現状把握〜　　〜書類集め〜　　〜財産評価〜

はじめに

相続税の申告に必要な書類とは？

　相続税の全体像がつかめたら、次に相続税を申告するために必要な書類を集めていきましょう。
　申告の際に必要な書類は、大まかに以下の3種類です。

(1) **申告書**
(2) **評価明細書**
(3) **添付書類**

　申告書とは、相続税の申告のために国税庁が用意した、第1〜15表からなる用紙のことです。
　最寄りの税務署窓口で入手することができ、郵送で依頼することもできます（切手を貼付した返信用封筒を同封）。また、プリンターをお持ちでしたら、国税庁のホームページで公開されている用紙のデータを印刷して使用することもできます。
　評価明細書とは、相続税の申告のために国税庁が用意している、各財産や権利の価額を評価するために用いる用紙です。
　申告書と同様に、最寄りの税務署窓口や郵送、国税庁のホームページ上で受け取ることができます。
　添付書類とは、申告書や評価明細書に記載した数字の理由を明確にするために、申告書に添付して提出する書類です。必要な添付書類は各人の遺産の内容によって異なります。全員提出が必須の資料もあれば、一部の、例えば特例を使う人だけが提出するような書類もあります。自分で用意できるものがほとんどなので、この章を見ながら集めていきましょう。

遺産分割関係の書類

書類集め❶　遺産分割関係の書類を集めよう

■遺産分割関係の書類リスト

書類名	場所	備考
遺言書	手元	遺言書が有る場合
遺産分割協議書	手元	遺言書が無い場合
相続放棄の申述受理の証明書	家庭裁判所	相続放棄した場合
申告後3年以内の分割見込書	家庭裁判所	遺産分割が間に合わない場合
特別代理人の選任に関する書類	家庭裁判所	相続人が未成年である場合
成年後見登記事項証明書	法務局	相続人の判断能力が不十分な場合

■遺言書

　遺言書とは、被相続人が生前のうちに、自分が死去したあとの財産について「どのようにしてほしいか」を意思表示した文書のことです。民法で定められている、相続人の範囲や取り分（法定相続分）よりも優先されます。
　遺言書には、「自筆証書遺言」「公正証書遺言」「秘密証書遺言」の3種類があります。
　「自筆証書遺言」とは、被相続人が自筆で作成した遺言書のことです。一般的に広く知られ、用いられている方法です。
　被相続人の死後、被相続人の住所地を管轄する家庭裁判所にて、検認の請求をし、検認済証明書を添付してもらう必要があります。
　「公正証書遺言」とは、法律の専門家である公証人に依頼して作成してもらう遺言書です。作成した遺言書は公証役場に保管されます。もっとも法的有効性のある遺言書といえます。自宅に控えのない場合でも、公証役場に足を運べばデータベース上で遺言の有無を確認してくれます。
　「秘密証書遺言」とは、被相続人が直筆で作成し、その内容を確認することなく、公証人が封印する遺言書です。公正証書遺言と同様に公証役場に保管されます。遺言内容を誰にも知られたくない場合に活用されています。

■**遺産分割協議書**

　遺産分割協議書とは、被相続人が遺言書を作成しておらず、相続人たちで遺産分割協議を行った場合に作成する必要がある書類です。相続人全員の合意内容を記したもので、相続人全員の直筆署名と実印の押印、印鑑証明書が必要になります。

　相続人が認知症の場合は成年後見人、未成年の場合は法定代理人（親権者）または特別代理人（親権者も相続人の場合）が、代わりに遺産分割協議に出席します。

　専門家に作成を依頼する場合は、弁護士または行政書士、司法書士を訪ねましょう。

　また、平成30年（2018年）の民法改正により遺産の一部分割が正式に認められました。

　遺産分割は通常すべての財産を対象に行うものですが、一部だけを先に分割したいというニーズがあり、これまでも一部分割は実務上広く行われていましたが、今回の改正で明確化されたのです。

　とはいえ、納税資金の確保などを目的とするのであれば、生命保険などを活用した方が、よりスムーズかつ確実であることは間違いありません。

■遺産分割協議書(例)

遺産分割協議書

被相続人　相続太郎
死亡日　　平成○年○月○日
本籍地　　○県○市○町○丁目○番地

被相続人　相続太郎　の遺産について、同人の相続人全員で分割協議をおこなった。その結果、各相続人が以下の通りに遺産を分割し、取得することが決定した。

1. 相続人　相続花子　が取得する財産
 (1) 土地
　　　所在：　○県○市○町○番地　　※登記簿の記載の通りに書く
　　　地番：　○○番○○
　　　地目：　宅地
　　　地積：　○○平方メートル
 (2) 自宅
　　　所在：　○県○市○町○丁目○番地　　※登記簿の記載の通りに書く
　　　家屋番号：○○番○○
　　　種類：　居宅
　　　構造：　木造瓦葺2階建
　　　床面積：1階○○平方メートル
　　　　　　　2階○○平方メートル

2. 相続人　相続一郎　が取得する財産　　※具体的に書く
 (3) 預貯金
　　　○○銀行　○○支店　普通預金　口座番号1234567　　500,000円
　　　○○銀行　○○支店　定期預金　口座番号1234567　　500,000円
　　　　　　　　　　　　　　以上

上記の通り、相続人全員による遺産分割の協議が成立したので、これを証するために本協議書を作成し、以下に各自記名押印する。　　　　　　　　　　　令和○年○月○日

※住所は印鑑証明の記載の通りに書く

○県○市○町○丁目○番地
　　　　　　　　　　　　　　　　　　　　　相続花子　　㊞

○県○市○町○丁目○番地
　　　　　　　　　　　　　　　　　　　　　相続一郎　　㊞

■相続放棄の申述受理の証明書

　相続放棄の申述受理の証明書とは、相続を放棄した場合、その旨の申述を家庭裁判所が受理したことを示す証明書です。受理されたのち、家庭裁判所に申請することで交付されます。相続放棄には2種類あり、全てを相続しないのが「相続放棄」、相続財産の範囲内で負債を相続するのが「限定承認」です。「相続放棄」と「限定承認」の期間は相続開始から3カ月しかないので注意。また、親族が集まった場で「自分は相続しないから」と宣言して、それで放棄した気になっている方が案外多いので気を付けてください。たとえ他の相続人に放棄を伝えたところで、実際に書類を提出して手続きしないことには債権者から催促があっても対応できません。

■申告後3年以内の分割見込書

　申告後3年以内の分割見込書とは、相続税の申告書に記載した財産のうち、未分割の財産について、提出期限後3年以内に分割する見込みを記したものです。特例などの適用を受けるために必要な届け出です。

■申告期限後３年以内の分割見込書（例）

通信日付印の年月日	確認印		番号
年　月　日			

被相続人の氏名　　　相続　太郎

申告期限後３年以内の分割見込書

　相続税の申告書「第11表（相続税がかかる財産の明細書）」に記載されている財産のうち、まだ分割されていない財産については、申告書の期限提出後３年以内に分割する見込みです。
　なお、分割されていない理由及び分割の見込みの詳細は、次のとおりです。

1　分割されてない理由

　　相続人間で遺産分割の話し合いが
　　まとまらないため

2　分割の見込みの詳細

　　分割の見込みはたっていませんが、
　　話し合いがまとまり次第速やかに
　　遺産分割を行う予定です。

3　分割の見込みの詳細
　①　配偶者に対する相続税の軽減（相続税法第19条の２第１項）
　②　小規模宅地等についての相続税の課税価格の計算の特例
　　　（租税特別措置法第69条の４第１項）
　(3)　特定計画山林についての相続税の課税価格の計算の特例
　　　（租税特別措置法第69条の５第１項）
　(4)　特定事業用資産についての相続税の課税価格の計画の特例
　　　（所得税法等の一部を改正する法律〈平成21年法律第13号〉による
　　　改正前の租税特別措置法第69条の５第１項）

文章を記入します。

該当する番号に○を付けます。

■**特別代理人の選任に関する書類**
　相続人が未成年者などの場合、親権者や後見人が代理で遺産分割協議に参加します。しかし、親権者や後見人も相続人のひとりである場合は利害関係が発生するため、代理人になることはできません。そこで、家庭裁判所に特別代理人の選任を申し立てます。
　特別代理人の選任に関する書類とは、その特別代理人の選任の申し立てをする際に必要となる書類です。

■**成年後見登記事項証明書**
　相続人が認知症などで正常な判断ができない場合、成年後見人が代理で遺産分割協議に参加します。
　成年後見登記事項証明書とは、成年後見人が代理で権限をもっていることを証明する書類です。

身分関係の書類

書類集め❷　身分関係の書類

　相続税法により、戸籍謄本等、身分関係の書類は、相続の開始日（被相続人が亡くなった日）から10日を経過した日以降に作成されたものを提出しなければなりません。

■身分関係の書類リスト

書類名	誰の	場所	備考
戸籍謄本・抄本	被相続人・相続人	市区町村の役所	出生から死亡までの連続したもの
改製原戸籍謄本	被相続人	市区町村の役所	
戸籍の附票の写し	被相続人・相続人	市区町村の役所	小規模宅地の特例を使う場合など
住民票	相続人	市区町村の役所	
住民票の除票謄本	被相続人	市区町村の役所	本籍地を省略していないもの
印鑑証明書	相続人	市区町村の役所	遺産分割協議書を作成する場合
身分証明書	被相続人	手元	マイナンバーカードが必須
障害者手帳	相続人に障害者がいる場合	手元	
相続関係説明図	被相続人・相続人	作成	もしくは法定相続情報一覧図

■戸籍謄本・抄本

　戸籍とは、生年月日、出生地、筆頭者との続柄、両親・養父母の名前、婚姻歴、離婚歴などが記載されている「戸」という家族集団単位で国民を登録するため作成されている公文書です。

　戸籍には「戸籍謄本」と「戸籍抄本」があり、戸籍原本の内容すべて（戸籍に入っている全員分）の写しを戸籍謄本、内容の一部（戸籍に入っている1人分）の写しを戸籍抄本といいます。

　戸籍は一般的に、結婚などにより生涯で複数作られるため、相続人すべてを明らかにするためには、被相続人が生まれてから亡くなるまでのすべての戸籍を入手する必要があります。

　また相続税の申告の際には、相続人全員の戸籍謄本も必要です。

■改製原戸籍謄本

「戸籍法」が改正されると、戸籍は新しく書き換えられます。この新しい戸籍に書き換わる前の古い戸籍のことを改製原戸籍といいます。改製原戸籍は、生まれてから亡くなるまでの被相続人のすべての戸籍のなかに含まれています。

■戸籍の附票の写し

戸籍には住所が記載されていません。それを補うのが、戸籍の附票です。戸籍の附票には、その戸籍が作成されてからのすべての住所が記載されており、戸籍原本とともに本籍地の市町村に保管されています。

ただし本籍地を変更している場合は、本籍変更以降の住所しか記載されていないので、それ以前の住所を知りたいときは、変更前の戸籍の附票をとらなければなりません。小規模宅地の特例や、相続時精算課税制度を利用する場合に必要になります。

【戸籍の入手方法】

相続税申告の際は亡くなった方の出生時から死亡時までのすべての戸籍が必要になりますが、取得の際は、死亡時から出生時という順で遡っていきます。新しいものから古いものですね。まず始めに、一番最後の本籍地(住民票に載っています)の役所に行って、「出生から死亡までの戸籍をあるだけ全部ください」と言います。次に、もらえるだけもらった戸籍の中で、「ひとつ前の本籍地」が書いてあるものを探します。分からなければ役所の担当に聞いてください。次に取得すべき戸籍について教えてくれるはずです。この作業を出生時にたどり着くまで繰り返します。遠方の場合は郵送で取り寄せ可能です。郵送の場合は、申請書(各市町村で違います)、請求者の身分証明書(免許証など)のコピー、手数料分の定額小為替、返信用封筒と切手、が必要です。

■住民票
　住民票とは、住民登録をしている市区町村において作成されている住民に関する個人単位の記録で、住民基本台帳にまとめられています。氏名、性別、生年月日、住所、本籍地等が記載されており、住民票はその市区町村に住民登録をしているという証明書となります。

■住民票の除票謄本
　住民票がある市区町村に、引っ越しにともない転出届を提出したり、亡くなったことで死亡届を提出すると、住民登録が抹消されます。その登録が抹消された住民票を「住民票の除票」といいます。抹消された日から5年間保存され、引っ越し前の元住所地、亡くなったときの住所地で取得できます。

■印鑑証明書
　印鑑証明書とは、「この印鑑は市区町村に登録されている当人の実印である」と信頼できる第三者（市区町村）が証明してくれるものです。取得するためには、先に市区町村に自分の印鑑を登録しておかなければなりません。
　相続の場面においては、遺産分割協議を行う際などに必要になります。

■**身分証明書**
　身分証明書とは、本人を確認する書類です。番号確認書類（マイナンバーを確認できる書類）と、マイナンバーの所持者であることを証明する身元確認書類の2つを併せて提出します。マイナンバーカードさえあれば、表裏両面で双方の役割を果たすので一枚で済みます。

【番号確認書類】
(1) マイナンバーカード（個人番号カード）〈裏面〉の写し
(2) 通知カードの写し
(3) （マイナンバーの記載がある）住民票の写し

【身元確認書類】
(1) マイナンバーカード（個人番号カード）〈表面〉の写し
(2) 運転免許証の写し
(3) 身体障害者手帳の写し
(4) パスポートの写し
(5) 在留カードの写し
(6) 公的医療保険の被保険者証の写し

■障害者手帳（その他該当する障害者であることを証明する書類）

　障害者手帳とは、障害のあることを証明するものです。「身体障害者手帳」「精神障害者保健福祉手帳」「療育手帳」の3種類があります。

　相続人が85歳未満の障害者の場合、85歳までの1年につき10万円（特別障害者は20万円）が相続税額から控除されます。

たとえば相続発生時、相続人が35歳5カ月のとき

85歳—35歳5カ月＝49年7カ月

　　　（1年未満の期間は切り上げるので、50年）

一般障害者の場合

控除額＝10万円×50年＝500万円

特別障害者の場合

控除額＝20万円×50年＝1,000万円

POINT　一般障害者と特別障害者の違い

　障害者は相続税において控除を受けることができますが、その控除額は一般障害者と特別障害者によって異なります。一般障害者と特別障害者の違いは、当人の障害の重さによります。

　一般障害者とは、身体障害者3〜6級、精神障害者保健福祉手帳2・3級、療育（愛護）手帳3・4度、戦傷者手帳第4〜第6項症に該当する方を指します。

　特別障害者とは、身体障害者1・2級、精神障害者保健福祉手帳1級、療育（愛護）手帳1・2度、戦傷者手帳第1〜第3項症に該当する方を指します。また、原爆症認定を受けている方、成年被後見人の方、6か月以上寝たきりで介護が必要な方も対象となります。

　それぞれで控除額が異なるので要注意です。

POINT　法定相続情報証明制度について

平成29年（2017年）から始まった法定相続情報証明制度によって、一部手続きでは、「法定相続情報一覧図」を戸籍の代わりに利用できるようになりました。この制度が整備されるまでは、手続きのたびに重たい戸籍関係の書類の束を各窓口に提出する必要があり、非常に不便でした。

　この法定相続情報証明制度では、必要書類と相続関係を一覧に表した、「法定相続情報一覧図」を法務局に提出することで、その一覧図に認証文を付した写しを無料で交付してもらえます。法定相続情報一覧図の写しさえあれば、重複した戸籍を入手する必要はありません。この法定相続情報一覧図は5年間保管され、その間、写しは何度でも再交付可能です。

また、平成30年（2018年）4月1日からは、相続税の申告書でも、この制度の利用が可能になりました。

写しの交付を受けるための手順は、以下のとおりです。

STEP1　必要書類の収集
※必要書類は法務局のホームページを参照

STEP2　法定相続情報一覧図と申出書の作成
※法定相続情報一覧図の様式及び記載例は法務局のホームページを参照

STEP3　登記所（法務局）へ申出
登記所は以下のいずれかを選択することが可能です。
（1）被相続人の本籍地（死亡時の本籍を指します）
（2）被相続人の最後の住所地
（3）申出人の住所地
（4）被相続人名義の不動産の所在地

■法定相続情報一覧図

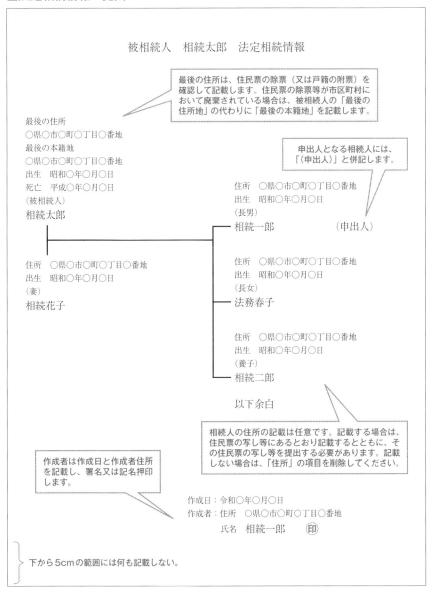

財産関係の書類（土地・建物）

書類集め❸　財産関係の書類（土地・建物）を集めよう

■財産関係（1）土地・建物の書類リスト

	書類名	場所	備考
土地について	不動産登記簿謄本	法務局	全部事項証明書
	固定資産税課税明細書	市区町村の役所	納税通知書に同封
	固定資産評価証明書	市区町村の役所	
	名寄帳 （固定資産課税台帳・ 土地家屋課税台帳）	市区町村の役所	
	建築計画概要書	市区町村の役所	
	公図	法務局	
	地積測量図	法務局	
	住宅地図	購入	都市計画図だと なおよい
	路線価図・評価倍率表	国税庁の ホームページ	各評価方法に 基づいて用意
	賃貸借契約書	手元	貸地・借地の場合
建物について	登記簿謄本	法務局	
	固定資産税課税明細書	市区町村の役所	納税通知書に同封
	固定資産評価証明書	市区町村の役所	
	名寄帳 （固定資産課税台帳・ 土地家屋課税台帳）	市区町村の役所	
	建物図面・各階平面図	法務局	
	賃貸借契約書	手元	貸家・借家の場合

■不動産登記簿謄本

　不動産登記簿謄本は、現状までの土地や建物について記録されている不動産登記簿の写しです。現在では紙ではなく、データ管理され、データを使って発行されるようになったため、「登記事項証明書」と呼ばれることが多くなっています。法務局の窓口、郵送、インターネットで取得できます。何種類かありますが、「全部事項証明書」を取得してください。

■不動産登記簿謄本（例）

不動産用	登記事項証明書 登記簿謄本・抄本交付申請書

※ 太枠の中に記載してください

住　所　○県○市○町○丁目○番
フリガナ　ソウゾク　タロウ
氏　名　相続　太郎

※地番・家屋番号は、住居表示番号（○番○号）とはちがいますので、注意してください。

種　別 (レ印をつける)	郡・市・区	町・村	丁目・大字・地字	地番	家屋番号 又は所有者	請求通数
1 □土地	○市	○町	○丁目	○番		1
2 □建物						
3 □土地						
4 □建物						
5 □土地						
6 □建物						

> 他にも所有している不動産がありそうな場合はここにチェックを付けます。

> ここに1通あたり600円の収入印紙を貼ります。

収入印紙欄

収　入
印　紙

収　入
印　紙

（登記印紙も使用可能）

収入印紙は割印をしないでここに貼ってください。

□その他

※　共同担保目録が必要なときは、以下にも記載してください。
次の共同担保目録を「種別」欄の番号_____番の物件に付ける。
□現に効力を有するもの　□全部（抹消を含む）　□（　）第_____号

※該当事項の□にレ印をつけ、所要事項を記載してください。
☑ 登記事項証明書・謄本（土地・建物）
　専有部分の登記事項証明書・抄本（マンション名_____）
　□ただし、現に効力を有する部分のみ（抹消された抵当権などを省略）
　　　　　　　　・抄本（次の項目も記載してください。）
　　　　　　　　_____に関する部分
　　　　　　　　（所有者・共有者の住所・氏名・持分のみ）
　共有者_____

> すべての情報が記載されている証明書を請求します。

□ コンピュータ化に伴う閉鎖登記簿
□ 合筆、滅失などによる閉鎖登記簿・記録　昭和／平成　　年　　月　　日閉鎖

交付通数	交付枚数	手　数　料	受付・交付年月日

(乙号・1)

■固定資産税課税明細書

　固定資産税課税明細書とは、所有不動産がある市区町村から、固定資産税の納付書と一緒に郵送されてくる文書です。なぜ、その固定資産税額に決まったのかの根拠、土地や建物の評価額などが記載されています。

■固定資産評価証明書

　固定資産評価証明書とは、固定資産課税台帳に登録されている固定資産の評価額を記した文書です。

　固定資産税評価額は、総務大臣が定めた固定資産評価基準に基づき決定され、固定資産税額の算出に使われたり、売却等を行う際の参考にされています。役所等の窓口や郵送で取得できます。

■固定資産評価証明書（例）

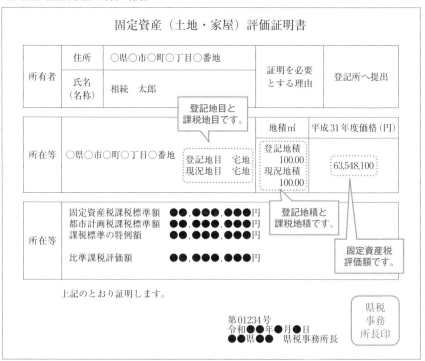

■名寄帳（固定資産課税台帳・土地家屋課税台帳）

　名寄帳（固定資産課税台帳・土地家屋課税台帳）とは、その市区町村で所有している土地や建物など不動産の一覧表です。固定資産課税台帳を所有者ごとにまとめたもので、評価額などを確認することができます。役所等の窓口や郵送で取得することができます。

■名寄帳（例）

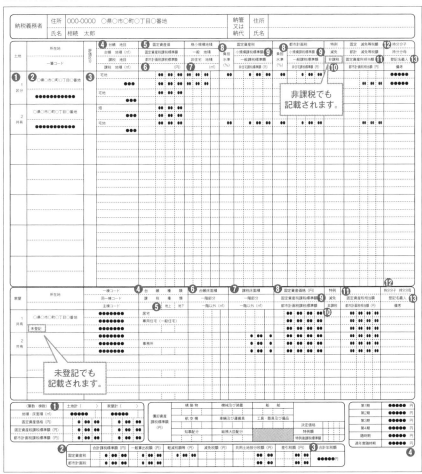

■建築計画概要書
　建築計画概要書とは、建築確認申請書の添付書類の1つです。
　文字通り建築計画の概要を記したもので、建築主、代理者、設計者、工事監理者、工事施工者の氏名、住所、敷地面積、床面積、構造、高さ階数等の建築物の概要、及び案内図、配置図などが記載されています。建築計画概要書は、各市区町村の建築指導課（役所ごとに名称は違います）で閲覧することができます。

■公図
　公図とは、土地の位置や形状を示す法的な地図です。法務局の窓口、郵送、インターネットで取得できます。

■地積測量図
　地積測量図とは、土地の面積の測量結果を記した法的な図面です。土地の形状や位置、境界標なども確認できます。法務局の窓口、郵送、インターネットで取得できます。

■住宅地図
　住宅地図とは、戸別名が表示された地図です。株式会社ゼンリンが提供しているゼンリン住宅地図は、マンションやビルにおいても、建物名だけでなく、入居者名やテナント名まで掲載されており、プリントサービスを使えば、コンビニエンスストアで入手することができます。

■評価倍率表・路線価図

　評価倍率表は、路線価が決められていない土地などを評価する際に用いる表です。

　路線価図とは、1平方メートル当たりの土地の評価額（路線価）が書かれている地図です。

　どちらとも、国税庁作成のホームページ「財産評価基準書 路線価図・評価倍率表 http://www.rosenka.nta.go.jp/」にて確認できます。

■評価倍率表の取得方法

　倍率方式は前述の通り、路線価が付いていない土地についての評価方法です。人口が多い都市部の土地は、国税庁が路線価を設定しており路線価方式での評価が可能ですが、地方や郊外では路線価の設定がされていない土地があり、これらは倍率方式で評価することになります。

①

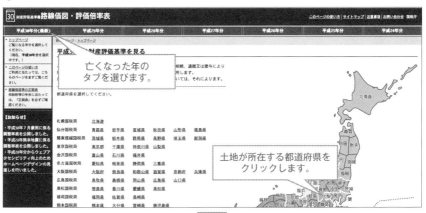

②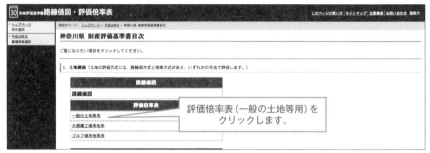

③

■**倍率表**

　倍率表が表示されたら、該当する「町（丁目）又は大字名」を確認します。「宅地」の列に「1.1」などの数字が書かれている場合は、倍率方式で評価する土地です。

　「路線」と書かれている場合は、路線価方式で評価する土地です。次ページで路線価図を取得しましょう。

音順	町（丁目）又は大字名	適用地域名		借地権割合 %	固定資産税評価額に乗ずる倍率等						
					宅地	田	畑	山林	原野	牧場	池沼
き	北新横浜1丁目	市街化調整区域		50	1.1	中 104					
		市街化区域		—	路線	比準	比準	比準	比準		
	北新横浜2丁目	市街化区域編入（予定）地域									
		1 課税時期が市街化区域編入前		50	1.1	中 104					
		2 課税時期が市街化区域編入以後		50	1.1	比準	比準	比準	比準		
		上記以外の地域									
		1 市街化調整区域		50	1.1	中 104					
		2 市街化区域		—	路線	比準	比準	比準	比準		
こ	小机町	市街化区域編入（予定）地域									
		1 課税時期が市街化区域編入前		50	1.0	中 94	中 85				
		2 課税時期が市街化区域編入以後		50	1.0	比準	比準	比準	比準		
		上記以外の地域									
		1 市街化調整区域		50	1.0	中 94	中 85				
		2 市街化区域		—	路線	比準	比準	比準	比準		
し	下田町5丁目	市街化調整区域									
		1 農業振興地域内の農用地区域				純 65					
		2 上記以外の地域		50	1.1	中 108					
		市街化区域		—	路線	比準	比準	比準	比準		

（図中注記：倍率方式で評価します／路線価方式で評価します）

平成30年分　倍率表　　神奈川税務署
市区町村名：横浜市港北区

■路線価図の取得方法
　相続税評価においては、この路線価方式が原則であり、前述の倍率方式は路線価の付いていない土地について適用される評価方法です。

①

②

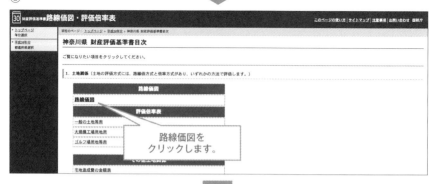

③

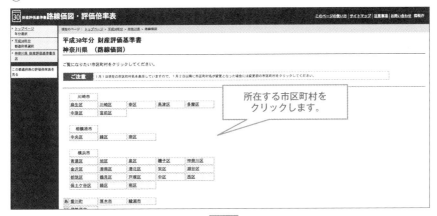

④

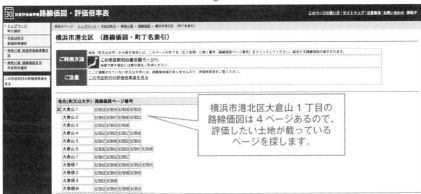

■路線価図

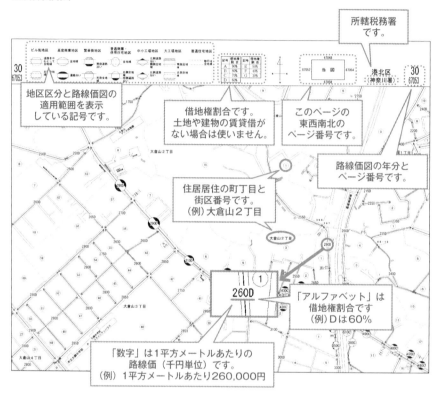

POINT 小規模宅地の特例利用のために必要な書類

　小規模宅地等の特例を受けるためには、申告書に加えて、特例の適用資格を証明する添付書類も必要です。

① 小規模宅地等の特例を受けるすべての相続人が提出するべき添付書類
(1) 住民票の写し
(2) 戸籍謄本
(3) 遺言書（写し）又は遺産分割協議書（写し）
(4) 遺産分割協議の分割見込書（遺産分割協議が間に合わない場合のみ）
(5) 相続人全員の印鑑証明書

② 別居の親族が提出するべき添付書類
　別居の親族が小規模宅地等の特例を受ける場合は、上記に加え、要件を満たすのか否かを証明する添付書類を提出する必要があります。
(1) 戸籍の附票の写し
(2) 相続家屋の登記簿謄本・借家の賃貸借契約書など

③ 被相続人が老人ホームに入所していた場合に提出するべき添付書類
　小規模宅地等の特例は被相続人が老人ホームに入所していた場合でも適用可能です。ただし、介護等を理由に特例を使用する土地に居住していなかったことを証明する必要があります。
(1) 被相続人の戸籍の附票の写し
(2) 要介護認定証・要支援認定証・障害福祉サービス受給者証など
(3) 福祉施設の入所時の契約書の写し等

財産関係の書類（現金・預貯金）

書類集め❹　財産関係の書類（現金・預貯金）を集めよう

■財産関係（2）現金・預貯金の書類リスト

書類名	場所	備考
残高証明書	口座のある金融機関	相続開始日時点のもの
定期預金証書	手元	
利息計算書	口座のある金融機関	定期性預金のみ
被相続人の通帳・取引履歴	口座のある金融機関	過去5年分程度
現金有高	手元	タンス預金や金庫の中もチェック

■残高証明書

　残高証明書とは、銀行や信用金庫、信用組合、労働金庫、農協など金融機関の口座の残高を証明する書類です。相続開始日（被相続人が亡くなった日）を指定して、各金融機関の窓口で申し込みます。

■定期預金証書
　定期預金証書とは、定期預金をした際に、預け入れの証明として、通帳ではなく証書を選択すると金融機関から発行されるものです。預入日、金額、金利、満期日などが記載されています。1件の定期預金につき、1枚の証書が発行されます。
　自宅の金庫などに保管されていることがほとんどです。

■利息計算書
　利息計算書とは、預け入れ期間に発生した定期預金等の利息について書かれた書類です。差し引かれる国税や地方税の金額なども記載されています。
　相続税の申告をするにあたっては、被相続人が亡くなった日時点での利息の算出が必要となります。残高証明書を申し込む際に、一緒に依頼するとよいでしょう。

■取引履歴（例）

故　　相続太郎様
相続人　相続一郎様
（支店番号：●●●　口座番号：1234567）

見　本

作成日：　●年●月●日
○○銀行株式会社
○県○市○町○丁目○○番地

取引明細書

種別:代表口座　商品種別:普通預金　通貨:円

対象期間　●年●月●日～●年●月●日

日付	内容	出金金額	入金金額	残高
●●●●/●●/●●	借入　ネットローン		20,000	22,551
●●●●/●●/●●	ＡＴＭ　Ａ銀行		6,000	28,551
●●●●/●●/●●	約定返済　ネットローン	20,000		8,551
●●●●/●●/●●	普通　円　貯金口	8,000		551
●●●●/●●/●●	ＡＴＭ　Ａ銀行		3,000	3,551
●●●●/●●/●●	普通　NZドル　代表口座	3,551		0
●●●●/●●/●●	ＡＴＭ　Ａ銀行		6,000	6,000
●●●●/●●/●●	普通　円　貯金口	6,000		0
●●●●/●●/●●	振込＊マルマルショウケン		50,000	50,000
●●●●/●●/●●	ＡＴＭ　Ｂ銀行		10,000	60,000
●●●●/●●/●●	利息		1	60,001
●●●●/●●/●●	ＡＴＭ　カード	10,000		50,001
●●●●/●●/●●	約定返済　円　住宅	30,000		20,001
●●●●/●●/●●	振込＊ホウムハルコ		40,000	60,001
●●●●/●●/●●	口座振替　○○生命	10,500	0	49,501
●●●●/●●/●●	残高証明書発行手数料	840		48,661
●●●●/●●/●●	振込＊マルマルショウケン		25,000	23,661
●●●●/●●/●●	金額指定返済　ネットローン	23,661		0
	以下余白			

1/1

■被相続人の通帳・取引履歴

　相続税の申告には、被相続人名義のすべての通帳と最低でも過去5年分の入出金が分かる取引履歴があると良いです。口座のある金融機関に依頼し、取り寄せましょう。

■現金有高

　現金有高とは、金庫や財布、タンス預金など、現金として持っていた総額です。被相続人が亡くなった時点での金額が必要となります。

【相続開始直前引き出し預金】

　相続が発生すると葬儀費用等で様々なお金がかかるため、相続の前に相続人が銀行のATM等で被相続人の現金を引き出すケースは多く見られます。こういった「相続開始直前引き出し預金」は、相続財産として計上しなければなりません。

　相続開始日（死亡日）以降に使ってしまった分については、逆算で算出することとなります。

　　相続開始日：X円
　　債務返済で50万円使用
　　葬儀費用で100万円使用
　　現在、手元に30万円残っている

　このような場合には、

X＝50万＋100万＋30万＝180万円

が相続税申告上、計上すべき「手許現金」の金額ということになります。

【タンス預金や貸金庫においていた現金】

　いわゆるタンス預金や貸金庫にまとまった現金を保管していたような場合にも、相続財産として計上が必要となります。意図的に隠ぺいすると、後で見つかった際に重加算税という重いペナルティが科されることもあります。

財産関係の書類（株式）

書類集め❺　財産関係の書類（株式）を集めよう

■財産関係（3）株式関係の書類リスト

	書類名	場所	備考
上場株式 （有価証券）	残高証明書	証券会社	
	配当金の支払通知書	手元	
非上場株式	決算書	非上場会社	最近3期分
	法人税申告書	非上場会社	最近3期分
	株主名簿	非上場会社	最近3期分

上場株式

■残高証明書

　残高証明書とは、保有株式数や評価額が記載された証明書です。被相続人が亡くなった日時点のものを証券会社に依頼し、発行してもらいます。

■残高証明書（例）

残 高 証 明 書　　　　A 202256

故　相続太郎様／相続人　相続一郎様　　　●年●月●日

口座番号（123-456-789）

平成●年●月●日現在、故相続太郎様口座において、
下記の通り当社にて、お預かりしていることを証明いたします。

[角印]

記

[有価証券・累積投資等]

種類	銘柄名	数量又は額面	備考
株式	○○物産	※200株	
株式	○○不動産	※300株	
株式	○○倉庫	※100株	

[金銭のお預り]

種類	金額	備考
	お預り金はございません	

（注）この証明書の記載事項は、訂正いたしません。

■配当金の支払通知書
　配当金の支払通知書とは、上場株式の配当金等が支払われる際に発行される書類です。配当金の明細について記されています。

■取引明細書(最近3期分)
　取引明細書とは、株式売買の取引を一覧にしたものです。直近の3期分ほど、証券会社に依頼し、取り寄せましょう。

非上場株式

■決算書(最近3期分)
　決算書とは、「貸借対照表」「損益計算書」「株主資本等変動計算書」「キャッシュフロー計算書」「個別注記表」などのことです。株式を保有している、非上場会社に依頼し、入手します。

■法人税申告書(最近3期分)
　法人税申告書とは、決算により確定された利益・損失に対し、納めるべき税額を申告したものです。株式を保有している、非上場会社に依頼し、入手します。

■株主名簿(最近3期分)
　株主名簿とは、株主の氏名、住所、保有株式数、取得年月日等、株主に関する基本的な情報が記載された帳簿のことです。株式を保有している、非上場会社に依頼し、入手します。

財産関係の書類（生命保険）

書類集め❻　財産関係の書類（生命保険）を集めよう

■保険関係の書類リスト

書類名	場所	備考
保険金支払通知書	手元	
保険証券	手元	
解約返戻金の分かる資料	手元 もしくは 保険会社	被相続人が契約者で今回払われていない保険がある場合

■保険金支払通知書

　保険金支払通知書とは、保険金を請求し、支払われたのちに郵送されてくる通知書です。届いたら、確認し、大切に保管しておきましょう。

■保険証券

　保険証券とは、保険に加入した際に保険会社から郵送されてくる契約書です。契約の内容や給付金の支払い条件などが記載されています。大切なものですので、保険に加入している場合は必ずどこかに保管されているはずです。
　また、保険金を請求する際に原本を保険会社に提出することになりますので、事前にコピーをとっておきましょう。

■保険証券

保険種類 定期保特約付終身保険 しあわせ保険あんしん		ご契約のしおり 定款・約款 種類番号 2	受領印 （印）	保険契約者 相続　太郎　様			
被保険者	フリガナ　ソウゾクタロウ 相続　太郎　様　（印） 昭和○年○月○日生		受取人	高度障害保険金　被保険者 死亡保険金		受取割合 ％	
保険契約者	フリガナ　ソウゾクタロウ 相続　太郎　様　（印） 昭和○年○月○日生			相続　花子　様		100	
保険証券番号 123-45678号	契約成立日 平成○年○月○日 社員配当金の支払方法 積立	保険料払込期間満了の日 平成○年○月○日 契約年○歳		保険期間 主契約　　　終身 定期保険契約　10年満了		保険料振込（回数） 年12回 保険料振込日 毎月	保険料振込期間 30払込
保険金・給付金			定期保険特約の保険期間中 平成5年5月1日から平成15年4月30日まで		定期保険特約の保険満了後主契約の保険振込期間満了まで 平成5年5月1日から平成15年4月30日まで		
			金額	保険料	金額	保険料	
主契約	死亡保険金・高度障害保険金		●●●円	●●●円	●●●円	●●●円	
付加された特約	定期保険特約 特約死亡・特約高度障害保険金		●●●円	●●●円	※※※	※※※	
	※障害特約（05） 本院型　災害保険金		●●●円	●●●円	※※※	※※※	
	※災害入院特約（05） 本人型　災害入院給付金		日額　●●●円	●●●円	※※※	※※※	
	※手術給付金付疾病入院特約（05） 本人型　疾病入院給付金		●●●円	●●●円	※※※	※※※	
	※成人病入院特約（05） 成人病入院給付金		日額　●●●円	●●●円	※※※	※※※	
上記以外の特約	保険料口座振替特約・保険契約転換特約						
（注）※印が付されている特約の保険期間の終期は、平成15年4月30日です。				保険料合計			
				定期保険特約の保険期間中		●●●円	
				定期保険特約の保険期間満了後		●●●円 ※※※	

死亡のときの金額（主契約と特約の合計金額）					
	定期保険特約の保険期間中 平成5年5月1日から 平成15年4月30日まで	定期保険特約の保険期間満了後 終身 平成15年5月1日から 終身			
不慮の事故または法定・指定伝染病により死亡したとき	●●●円	●●●円	※※※	※※※	
上記以外の事由により死亡したとき	●●●円	●●●円	※※※	※※※	

■解約返戻金の分かる資料

被相続人が契約者となり保険料を負担し、配偶者や子どもなどに掛けていた保険は財産とみなされます。

保険会社に依頼し、被相続人が亡くなった時点で解約したと想定した場合の解約返戻金を算出してもらいましょう。

POINT 生命保険契約の権利について

生命保険の契約の権利(被相続人が他の人に掛けていた保険の権利)も実は相続財産です。つまり、相続税がかかります。なぜなら、解約すれば解約返戻金が、満期があれば満期保険金が支払われる、つまり財産価値があるからです。この、解約返戻金や満期保険金を受け取る権利に、相続税が課税されるのです。価額の評価方法は保険会社に確認しましょう。非常に漏れやすく、税務調査の対象になりやすい財産なので注意です。特に一時払いの保険などは、既に払い終わっているので忘れられやすいです。高額な一時払いの保険の場合、漏れているとペナルティもそこそこ大きくなってしまうので注意が必要です。また、相続前に契約の名義を書き換えたりしているのがバレた場合には、「分かっていて申告しなかった」と重加算税を課される可能性があります。

生命保険金に課される税金の種類

生命保険は、「契約者（保険料負担者）」「被保険者」「保険金受取人」がそれぞれ誰であるかによって、課税される税金の種類が変わってきます。

●被相続人が自分自身に保険を掛け、保険料を支払い、配偶者等が受取人となっていた場合
　契約者　　　　被相続人
　保険料負担者　被相続人
　被保険者　　　被相続人
　保険金受取人　配偶者
　⇒相続税がかかります

●契約者は配偶者となっているが、保険料は被相続人が支払い、配偶者が受取人となっていた場合
　契約者　　　　配偶者
　保険料負担者　被相続人
　被保険者　　　被相続人
　保険金受取人　配偶者
　⇒相続税がかかります

●契約者と受取人が同じ場合
　契約者　　　　配偶者
　保険料負担者　配偶者
　被保険者　　　被相続人
　保険金受取人　配偶者
　⇒所得税がかかります

●契約者と被保険者、かつ、契約者と受取人が違う場合
　契約者　　　　配偶者
　保険料負担者　配偶者
　被保険者　　　被相続人
　保険金受取人　子ども
　⇒贈与税がかかります

生命保険契約の権利に課される税金の種類

●被相続人が保険料を支払い、自分以外を被保険者としている場合
　契約者　　　　被相続人
　保険料負担者　被相続人
　被保険者　　　配偶者
　保険金受取人　被相続人

　契約者　　　　被相続人
　保険料負担者　被相続人
　被保険者　　　配偶者
　保険金受取人　子ども

　契約者　　　　配偶者
　保険料負担者　被相続人
　被保険者　　　配偶者
　保険金受取人　被相続人

　⇒いずれも相続税がかかります

贈与関係の書類

書類集め❼ 贈与関係の書類を集めよう

■贈与関係の書類リスト

書類名	必要な場合
贈与契約書	自宅にあれば
贈与税申告書	税務署に提出したものの控え
相続時精算課税制度選択届出書	相続時精算課税制度の適用があった場合
非課税申告書	特例贈与（住宅取得資金、教育資金、結婚子育て資金、等）の適用があった場合

■贈与契約書

　贈与契約書とは、被相続人との間で財産の贈与が行われた際に結ばれた契約書です。「贈与者」「受贈者」「贈与時期」「贈与内容」「贈与方法」などが記載されており、贈与が行われたという証拠となります。

■贈与契約書（例）

贈与契約書

贈与者 相続太郎（以下、「甲」という）は、受贈者 相続一郎（以下「乙」という）に、現金〇〇円を無償で与える意思を表示し、乙はこれを受託した。

記

第1条 甲は、現金〇〇円を乙に贈与するものとし、乙はこれを受託した。

第2条 甲は、第1条に基づき贈与した現金を、平成●年●月●日までに、乙の下記銀行口座に振り込むものとする。

〇〇銀行〇〇支店　普通口座　******
口座名義人　相続一郎

なお、この契約を締結する証として、この契約書2通を作成し、甲乙双方が署名捺印のうえ、各1通を保有するものとする。

平成●年●月●日

（甲）　住所　〇県〇市〇町〇丁目〇番地
　　　　氏名　相続太郎　㊞
（乙）　住所　〇県〇市〇町〇丁目〇番地
　　　　氏名　相続一郎　㊞

■贈与税申告書

　贈与税申告書とは、被相続人から生前に財産を譲り受け、贈与税が発生した際に提出した申告書です。

■贈与税申告書（例）

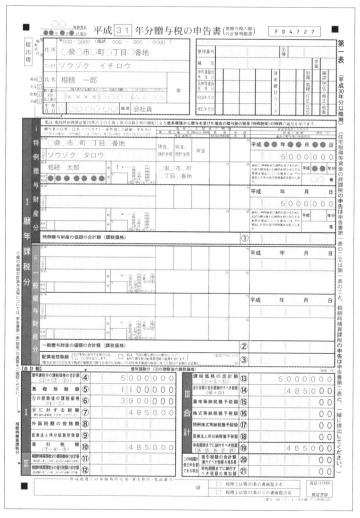

■相続時精算課税制度選択届出書

相続時精算課税制度選択届出書とは、被相続人から生前に財産を贈与された際に、贈与税の制度として、相続時精算課税制度を選択した場合に届け出た文書です。この制度を利用して贈与された財産は、相続財産としてカウントされます。

■非課税申告書

非課税申告書とは、被相続人から生前に贈与を受けた際に、「贈与税の配偶者控除の特例」「住宅取得等資金の非課税」「震災に係る住宅取得等資金の非課税」「教育資金の非課税」「結婚・子育て資金の非課税」の制度を適用するため、提出した書類のことです。

> **POINT　相続時精算課税について**
>
> 相続時精算課税制度とは、原則、60歳以上の父母または祖父母から、20歳以上の子や孫に対し、財産を贈与する場合に選択できる制度です。
> 暦年贈与では贈与しきれない多額の財産を贈与したい場合に有効な制度です。2,500万円の非課税枠があり、それを超える分には一律20％の贈与税がかかります。
> 贈与者が亡くなり、相続が発生した場合、この制度を利用して贈与された財産は、相続財産としてカウントされます。
> また、この制度を選択した場合、同じ贈与者からの贈与について、それ以降、暦年贈与を使用することはできません。そして、申告書の提出が必須となります。

債務・葬式費用関係の書類

書類集め❽ 債務・葬式費用関係の書類を集めよう

■債務・葬式費用関係の書類リスト

書類名		場所	備考
借入金	金銭消費貸借契約書	手元	
	借入金の残高証明書	金融機関等	
未払金	請求書	手元	
	領収書	手元	税金・社会保険料・公共料金・医療費等
	納税通知書	手元	
葬儀費用	領収書	手元	
	お布施や心づけのメモ	手元	領収書がもらえない場合

借入金

■金銭消費貸借契約書

　金銭消費貸借契約書とは、金融機関などから融資を受けたり、お金の貸し借りをした際に結んだ契約書です。金額や返済期日、利率などが記載されています。

■借入金の残高証明書

　借入金の残高証明書とは、ローンを組んだときなど、残りの金額について示す書類です。融資を受けた金融機関等で発行してもらいます。

葬儀費用

■領収書

被相続人の葬儀の際にかかった費用を示すものです。財産総額から、下記費用は差し引くことができます。

(1) 火葬や埋葬、納骨のための費用
(2) 遺体や遺骨の回送の費用
(3) お通夜にかかった費用など、葬式の前後に生じた通常、葬式にかかせない費用
(4) 読経料などお寺などに対するお礼の費用
(5) 死体の捜索や、死体や遺骨の運搬にかかった費用

また、次の費用は、差し引くことができません。

(1) 香典返しの費用
(2) 墓石や墓地の購入や借りるための費用
(3) 初七日や法事などの費用

■お布施や心づけのメモ

葬儀の際の読経料などお寺などに対するお礼の費用は領収書等が出ませんので、金額を忘れないようメモしておきます。

その他の書類

書類集め❾　その他の書類を集めよう

■その他の財産の書類リスト

	書類名	備考
家庭用財産	家庭用財産の購入時の資料	
	自動車検査証	自動車がある場合
	船舶検査証書	船舶がある場合
	遺産相続評価書	美術品や骨とう品がある場合
事業用財産	所得税の確定申告書	青色決算書や収支内訳書や準確定申告書
退職金	支払通知書	死亡退職金がある場合
	退職手当等受給者別支払調書	会社から交付される場合がある
その他	過去の相続税申告書	過去に相続税の納税があった場合
	過去の贈与税申告書	過去に贈与があった場合
	準確定申告に必要な資料	準確定申告が必要な場合
	電話番号と所在場所の分かる資料	電話加入権を相続する場合
	老人ホームの入居関係の資料	入居していた場合
	ゴルフ会員権	加入していた場合
	リゾート会員権	加入していた場合
	貸付金、前払金に関する借用書等の書類	貸付金、前払金がある場合
	未収の給与、地代、家賃等の契約書、領収書等	未収の給与、地代、家賃等がある場合

COLUMN

仮想通貨・マイレージ・各種ポイントの相続について

　日々移り変わっていく相続事情。近年色々と話題に上ることの多い「ビットコイン」などの仮想通貨や、航空会社のマイレージは、果たして相続財産に含まれるのでしょうか。

　まず、仮想通貨についてですが、これは相続財産に含まれます。つまり、相続することが可能ですし、相続財産として税金がかかってくる場合もあるわけです。ですから、申告から漏れていた場合は追徴課税が発生します。

　では、仮想通貨を相続する際は、どのような手続きが必要なのでしょうか。

　通貨を受け取る手続きについては、取り扱っている会社によって異なるため、ここでは省略します。

　相続税申告の際は、まず仮想通貨の残高を知る必要があります。これまでは統一した取り扱いが決められておらず、相続人が被相続人（亡くなった方）のサイトアカウントにログインするなどして残高を調べるしかありませんでした。しかし、最近になってようやく新しい方法が整備され、各交換業者に仮想通貨の残高証明書の交付を依頼できるようになりました。

　では、そもそも被相続人が仮想通貨を所持していたかどうかが分からない場合は、どうしたらよいのでしょうか。口座の有無すら分からない場合は、現状ではどうしようもありません。また、せっかく口座が分かったとしても、故人のアカウント情報（パスワード等）が分からなければ、引き出すことができません。この件について国税庁は、「たとえパスワードが分からず引き出せなくても、課税対象になる」と回答しています。ようは、仮想通貨を受け取れなくても税金だけかかってくるわけです。仮想通貨についてはまだまだ法整備が追い付いていないのが現状です。

　マイレージに関してはどうでしょうか。実は、マイレージも相続財産に含まれます。JALでもANAでも、相続することが可能です。有効期間や手続きは各社で異なりますので、当てはまる方は一度問い合わせてみると良いかもしれませんね。

　仮想通貨にしてもマイレージにしても、生前のうちに口座の存在とアカウント情報を相続人と共有しておくことこそ、一番相続人のためになる生前対策だといえるでしょう。

第3章

事前準備③

財産を分割・評価しよう

次に、財産の評価を
していきましょう。

事前準備① | 事前準備② | 事前準備③ | 申告書の作成 | 申告書の提出
〜現状把握〜 | 〜書類集め〜 | 〜財産評価〜 | |

財産を分割しよう

遺言書があるかどうかを確認する

相続財産を一通り洗い出した後は、財産を分割して評価していきます。

財産を分割するにあたっては、遺言書がある場合には遺言書に従い、無い場合には相続人同士で遺産分割協議を行います。

まずは、遺言書が残されているかどうかを確認しましょう。

また、遺言には2種類あります。自宅などにしまっているパターンと、公証役場に預けているパターンです。

公正証書遺言の場合は公証役場に遺言書が保管されているので、最寄りの公証役場に問い合わせれば、遺言書の有無が分かります。公証役場では「遺言書検索システム」というものを用いて遺言書を検索することができるため、最寄りの公証役場に必要書類を持参すれば、どの公証役場で作成されたものであろうと、その存在の有無を確認することができます。

ただし、この照会ができるのは相続人かその代理人に限られます。確認には、戸籍謄本と、免許証をはじめとした身分証明書が必要です。

公証役場に遺言がなく、自宅にあると考えられる場合には、地道に探すしか手立てがありません。生前のうちに、遺言を書いたかどうか被相続人に確認しておくことがベストだといえます。

遺言書がある場合

いざ遺言書を見つけたからといって、すぐに開封してはいけません。

封を閉じた状態で保管されている遺言書を勝手に開けると、5万円以下の罰金が科せられます。また、内容を改ざんしたのではないかという疑いをかけられ、親族間でのトラブルにつながります。遺言を見つけたら、まずは、家庭裁判所に遺言書を持参し、検認という手続きを行いましょう。

また、遺言書は書式が決まっていますので、書き方によって認められない場合があります。無効な場合、遺言は使えませんから、改めて遺産分割をする必要があります。

■検認の申立書

	受付印	家事審判申立書　事件名（　　遺言書の検認　　）			

（この欄に申し立て手数料として1件について800円分の収入印紙を貼ってください。）

　　　　　印　紙

（貼った印紙に押印しないでください。）

（注意）登記手数料としての収入印紙を納付する場合は、登記手数料としての収入印紙は貼らずにそのまま提出してください。

収入印紙　　　　円
予納郵便切手　　円
予納収入印紙　　円

準口頭　　関連事件番号　令和　　年（家　　）第　　　　　号

○○家庭裁判所　御中	申立人（又は法定代理人など）の記名押印	相続　一郎　㊞
令和　○年　○月　○日		

添付書類

申立人

本籍（国籍）	（戸籍の添付が必要とされていない申立ての場合は、記入する必要はありません。）○○　都道府県　○○市○○町○丁目○番地
住所	〒○○○-○○○○　○○県○○市○○町○丁目○番地　電話○○○（○○○）○○○○
連絡先	〒○○○-○○○○　○○県○○市○○町○丁目○番地　電話　（　　）
フリガナ氏名	ソウゾク　イチロウ　相続　一郎　　大正・昭和・平成　○年○月○日生（49歳）
職業	無職

※ 遺言者

本籍（国籍）	（戸籍の添付が必要とされていない申立ての場合は、記入する必要はありません。）○○　都道府県　○○市○○町○丁目○番地
最後の住所	〒　-　　申立人の住所と同じ　　電話　（　　）
連絡先	〒　-　　　　電話　（　　）
フリガナ氏名	ソウゾク　タロウ　相続　太郎　　大正・昭和・平成　○年○月○日生（75歳）
職業	不動産賃貸業

（注）太枠の中だけ記入してください。
※の部分は、申立人、法定代理人、成年被後見人となるべき者、不在者、共同相続人、被相続人等の区別を記入して下さい。

別表第一（1/2）

第3章

■検認の申立書

申立ての趣旨
遺言者の自筆証書による遺言書の検認を求めます。

申立ての理由
1　申立人は、遺言者から、平成○年○月○日に遺言書を預かり、申立人の自宅金庫に保管していました。 2　遺言者は、平成31年1月1日に死亡しましたので、遺言書（封印されている）の検認を求めます。なお、相続人は別紙の相続人目録のとおりです。

別紙

※ 相続人	本　籍	○○　都 道 府 ㊦県　○○市○○町○丁目○番地
	住　所	〒○○○-○○○○ ○○県○○市○○町○丁目○番地　○○アパート○○号室 （　　　　　　　方）
	フリガナ 氏　名	ホウ ム　　ハル コ 法務　春子	大正 ㊦昭和 平成　○年○月○日生 （　44歳）

※ 相続人	本　籍	○○　都 道 府 ㊦県　○○○郡○○町○○××番地
	住　所	〒○○○-○○○○ ○○県○○郡○○町○○××番地 （　　　　　　　方）
	フリガナ 氏　名	ソウ ゾク　　ジ ロウ 相続　二郎	大正 ㊦昭和 平成　○年○月○日生 （　43歳）

※

POINT　遺言の内容に納得がいかない場合

(1) 遺言書通りに分割する必要はない

　遺言がある場合はその通りに分け、載ってない財産については別途、遺産分割協議で話し合います。ただ、遺言というのは、あくまでも被相続人の遺志を尊重するためのものであり、絶対に従わなければいけないわけではありません。

　遺言は、相続人全員の同意のもとで効力を発揮します。裏を返せば、相続人全員が同意すれば、遺言の内容に従う必要はないということです。ただし、相続人のうち1人でも「この遺言通りに」という人がいれば、遺言優先です。

　また、相続人以外（愛人など）に遺言等で財産が残されている場合は、その人の同意も必要です。そういったケースでは、現実的にその人が同意するとは考えられないので、実行は難しいでしょう。その場合は、②「遺留分減殺請求」を検討してみてください。

(2) 遺留分減殺請求

　民法では、法定相続人（兄弟姉妹を除く）に対して、遺言によっても侵し得ない相続財産に対する最低限度の取り分を保証しています。この最低限度の取り分のことを「遺留分」といいます。例えば、愛人に全ての相続財産を持って行かれてしまった場合などに、自分の権利を主張することができるのです。

　主張できる権利は基本的に法定相続分の半分です。奥さんなら、法定相続分が1/2なので、1/4分の財産は確実にもらうことができます。この請求をできる期限は、相続が開始された日、相続財産を分けた日から1年間です。

■遺留分の割合

法定相続人	全体の遺留分
配偶者のみ	1/2
配偶者＋子	1/2
子のみ	1/2
配偶者＋親	1/2
親のみ	1/3

各人の遺留分		
配偶者	子	親
1/2		
1/4	1/4÷頭数	
	1/2÷頭数	
1/3		1/6÷頭数
		1/3

POINT　遺言書がない場合はどうする？

　遺言書がない場合は、相続人同士で話し合って遺産分割をしていきます。
　分け方次第では、相続税額が大きく変わることもあるので、「被相続人の遺志で」、のように決まった事情がなければ、税理士に相談するのも一つの手です。税金が安くなるようなアドバイスをしてくれるはずです。
　ただし、遺産分割協議書の作成に関しては、基本的に税理士の業務の範囲外となっています。遺産分割協議書を作成できるのは、弁護士と、司法書士と、行政書士です。
　もめそうな場合は、弁護士に相談すると良いでしょう。司法書士は、被相続人の遺志を汲みつつ、不合理がないようにアドバイスしてくれます。費用がもっとも安価で済むのは、書類作成のプロである行政書士です。目的によって使い分けましょう。
　また、遺産分割協議書は、各種名義変更でも利用します。税務署に提出した後に再度作り直す場合、贈与と見なされて贈与税がかかりますので、遺産分割協議書は一度作ったらそう簡単には変えられないと思って作成しましょう。

財産を評価しよう（土地）

　相続税は、財産額に応じて税額が決まります。ここからは、相続する財産がいくらなのかを算出する、いわゆる財産評価の段階に入っていきます。
　財産の評価は、基本的に時価で行います。相続財産が現金や預貯金であれば、そのまま残高を評価額とすればいいので簡単です。有価証券などもさほど難しくはありません。
　しかしこれが土地となると、一筋縄ではいきません。それぞれの土地の地形によって、評価の方法が変わってくるからです。
　例えば、地形が正方形でなく、いびつな形をしている場合。単純に路線価だけで評価すると、適正価額よりも高額になってしまいます。
　他にも、墓地の隣にある土地や高低差のある土地は、通常の価額から10％を減額できたりと、さまざまな減額要因があります。しかし、どの土地にどういった減額が使えるのかということについては、税理士ですら判断が難しいのが実情です。

　P86からは、一般的な土地の例をいくつか解説していきますが、自分の相続する土地が、「こんな土地がある場合は税理士に相談しよう」に当てはまったり、複数の土地を相続することになった場合は、相続税専門の税理士に依頼することをお勧めします。土地の評価が少し変わるだけで、納税額は数十万、数百万単位で変わるのです。

■こんな土地がある場合は税理士に相談しよう

形のいびつな土地

広めの土地

傾斜のある土地や崖地
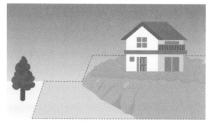

高圧線が通っている土地

線路に隣接している土地

鳥居や祠のある土地

墓地の隣にある土地

埋蔵文化財包蔵地

土地の評価単位

　土地を評価する際のはじめの難関が、評価単位です。評価単位次第で土地の評価額は大きく異なります。評価単位を考える際の二大原則は、「地目ごと」と「取得した相続人ごと」です。地目というのは、土地の用途ごとに分けられた区分のことです。相続税の財産評価上では、以下の9つに分類されます。

(1) 宅地　：建物の敷地及びその維持若しくは効用を果たすために必要な土地
(2) 田　　：農耕地で用水を利用して耕作する土地
(3) 畑　　：農耕地で用水を利用しないで耕作する土地
(4) 山林　：耕作の方法によらないで竹木の生育する土地
(5) 原野　：耕作の方法によらないで雑草、かん木類の生育する土地
(6) 牧場　：家畜を放牧する土地
(7) 池沼　：かんがい用水でない水の貯留池
(8) 鉱泉地：鉱泉（温泉を含む）の湧出口及びその維持に必要な土地
(9) 雑種地：以上のいずれにも該当しない土地（駐車場や資材置き場）

　本書で解説するのは(1)の宅地だけですので、その他の地目の土地を相続する方は、税理士に相談することをおすすめします。
　地目を判定するうえでは、登記上の記載ではなく、相続当時の現況を基準とします。例えば、登記上では「雑種地」となっている土地があったとして、相続当時にアパートが建っていたとしたら、その土地は「宅地」として評価するのです。一般的には、「固定資産評価証明書」の地目を確認すれば間違いないはずですが、念のため、自分の目で実際の利用状況を確認しましょう。

■地目ごとの評価方法

地目	評価方法
宅地	路線価方式または倍率方式
農地（田・畑）	・純農地→倍率方式 ・中間農地→倍率方式 ・市街化周辺農地→市街地農地価額×80% ・市街地農地→宅地比準方式または倍率方式
山林	・純山林及び中間山林→倍率方式 ・市街地山林→宅地比準方式または倍率方式
原野	・純原野及び中間原野→倍率方式 ・市街地原野→宅地比準方式または倍率方式
牧場	原野と同様に評価する
池沼	原野と同様に評価する
雑種地	状況が類似する付近の土地を参考に評価する

POINT 地目が違っても一緒に評価する場合

　土地を評価する際の原則は、既に説明した通り、「地目ごと」「取得した相続人ごと」の2つです。しかし、この二大原則に加えて、利用の実態を考慮して評価することがあります。

　例えば、同一人物の相続人が取得した土地の中に、コンビニと、お客様用の駐車場が隣り合っている場合。地目に従えば、コンビニは「宅地」、駐車場は「雑種地」です。しかし、この2つを地目で分けて評価してしまうと、実態に即した適正な評価ができません。よってこの場合、コンビニの敷地として、店舗と駐車場を一体で評価する必要があるのです。

　1つの大きな土地として評価すると、「地積規模の大きな宅地」として減額を受けられる可能性があります。

宅地の評価をしよう

評価単位を確認しよう

　地目が宅地と判断された場合の評価単位について確認していきます。宅地の場合、筆や地番ではなく、1画地（利用の単位となっている1区画の宅地）ごとに評価します。

　「1画地の宅地」かどうかは、使用収益権利（原則として使用貸借による使用借権を除く）の存在の有無によって区分します。難しいですが、ようは使用収益できる土地ごとに評価するということです。正確ではありませんが、「利用者ごと」と理解してもかまいません。1画地が必ずしも1筆からなっているとは限りませんので、注意しましょう。

例① 一部を自用店舗、一部を自宅として利用

利用状況が同じなので、A地B地全体を1画地として評価

例② 一部を貸家、一部を自宅として利用

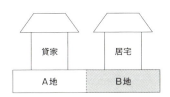

使用者が異なるので、A地、B地それぞれを1画地として評価

例③ 一部を長男に無償で貸付け、一部を自宅として利用

使用貸借の価額は評価しませんので、A地B地全体を1画地として評価

例④ 貸家が2棟ある場合

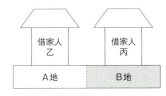

異なる借家人に貸している場合には、A地、B地それぞれを1画地として評価

　ちなみに、1つの土地を2人が共有でなく分けて相続した場合には、利用者ごとではなく、取得者ごとに評価します。

評価方式を確認しよう

　宅地の評価方式には、「路線価方式」と「倍率方式」の2種類があります。
　①路線価方式とは？
　全国の主要な土地については、固定資産税評価額ではなく国税庁が主体となって策定する「路線価」を基準に相続税評価を行います。
　相続税評価においてはこちらの路線価方式が原則であり、もう1つの「倍率方式」は路線価の付いていない土地について適用される評価方法です。

　②倍率方式とは？
「倍率方式」は前述の通り、「路線価」が付いていない土地についての評価方法です。
　人口が多い都市部の土地は、国税庁が路線価を設定しており、路線価方式での評価が可能ですが、地方や郊外では路線価の設定がされていない土地があり、これらは倍率方式で評価することになります。
　倍率方式は土地の「固定資産税評価額」に、国税庁が定める一定の「倍率」をかけて計算します。固定資産税評価額は、地元の市区町村役場で固定資産評価証明書を発行してもらえば確認できます。

　路線価方式と倍率方式、どちらの方式で評価するかは、第2章を参照して確認してください。

倍率方式で評価する

　倍率方式での評価は比較的簡単です。その宅地の「固定資産税評価額」に、倍率表に記載されている倍率をかけて、評価額を求めます。
　倍率方式で評価する場合は、路線価のように、後述の画地調整率による調整は必要ありません。そのまま、申告書の第11表に転記します（第4章）。

（例）
（固定資産税評価額）（倍率）　（評価額）
30,000,000円×1.1＝33,000,000円

■固定資産評価証明書

■倍率表

路線価方式で評価する

　路線価方式では、その土地が面している道路につけられた路線価に、宅地の面積をかけて評価額を算出します。

（例）
　　（路線価）　（画地調整率）（地積）　　（評価額）
　260,000円 × 1.00 × 100 ＝ 26,000,000円

　路線価は、P56で取得した路線価図に記載してあります。路線価図に記載されているのは以下の3つの事項です。
①路線価　　：路線に記載されている数字（千円／㎡）
②地区区分　：路線に記載されている数字を囲んでいる記号
③借地権割合：路線に記載されているA〜Gの英字

■地区区分

地区	表示方法	地区	表示方法
ビル街地区	12,500C（六角形）	大工場地区	70D（長方形）
高度商業地区	6,200C（楕円）	道路を中心として全地域	900C（楕円・白）
繁華街地区	4,800C（八角形）	道路を中心として斜線のない側全地域	900C（楕円・斜線）
普通商業・併用住宅地区	900C（丸）	道路沿いのみの地域	900C（楕円・黒）
普通住宅地区	400D（無印）	道路を中心として黒塗り側の道路沿いと反対側全地域	900C（楕円・半黒）
中小工場地区	300D（ひし形）	道路を中心として黒塗り側の道路沿いのみの地域	900C（楕円・半斜線）

■借地権割合

記号	A	B	C	D	E	F	G
借地権割合	90%	80%	70%	60%	50%	40%	30%

画地補正率について

路線価方式では前述の通り、路線価に補正率と地積をかけたものが評価額となります。補正率とは、土地の個々の事情を調整するためのものです。

きれいな正方形や長方形の土地であれば様々な用途が考えられますが、いびつな形だったり、「うなぎの寝床」のように細長い土地の場合は用途が限られ、売却価格も下がります。そういった土地の形状を考慮して評価額に反映させるために、様々な補正率が設定されているのです。

ちなみに倍率方式の場合は、すでに土地の個性を反映した評価額になっているので、補正率による調整は行いません。

■各種の画地補正率

画地補正率	宅地の特徴	
奥行価格補正率（奥行率）	平均に比べて道路からの奥行距離が短いか長い	
側方路線影響加算率（側方率）	角地にある	
二方路線影響加算率（二方率）	正面と裏面と二方の道路に挟まれている	
間口狭小補正率	道路に接する間口が狭い	
奥行長大補正率	間口に比べて奥行きが長すぎる	
不整形地補正率	形状が正方形や長方形でなくいびつである	
無道路地補正率	路線に接していない	※
崖地補正率	崖地である	※

■画地調整の手順

		路線数	路線の位置	1㎡あたりの価額の計算式	
A	a	1	―	正面路線価×奥行率	P94
	b	2	正面と側方	a＋（側方路線価×奥行率×側方率）	P97
	c	2	正面と裏面	a＋（裏面路線価×奥行率×二方率）	P100
		宅地の特徴		1㎡あたりの価額の計算式	
B	間口が狭い			Aの価額×間口狭小補正率	P102
	間口に比べて奥行きが長い			Aの価額×奥行長大補正率	P104
	不整形である			Aの価額×不整形地補正率	P106
	道路に直接面していない			Aの価額×無道路地補正率	※
	崖地である			Aの価額×崖地補正率	※
A・Bで計算した価額×地積＝その土地の評価額					

※本書での解説はありません

宅地の評価❶（奥行価格補正率）

一方のみが路線に面する宅地の場合

　宅地の一方のみが路線に面している場合、奥行距離に応じて奥行価格補正率を用いて算定します。

　奥行距離は、原則として、正面路線に対し垂直的な奥行距離によります。しかし土地がきれいな正方形でなく、奥行が場所によってまちまちな場合には、平均的な奥行距離によって算定します。

正面路線価×奥行価格補正率×地積＝その土地の評価額

（例）

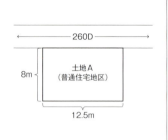

奥行価格補正率について

　奥行価格補正率は、次ページの奥行価格補正率表で確認することができます。

　補正率は、奥行距離と地区区分によって決まります。奥行距離が同じでも、地区区分が違えば補正率は変わります。

■奥行価格補正率

奥行距離（メートル）	ビル街地区	高度商業地区	繁華街地区	普通商業・併用住宅地区	普通住宅地区	中小工場地区	大工場地区
4未満	0.80	0.90	0.90	0.90	0.90	0.85	0.85
4以上6未満	0.80	0.92	0.92	0.92	0.92	0.90	0.90
6〃8〃	0.84	0.94	0.95	0.95	0.95	0.93	0.93
8〃10〃	0.88	0.96	0.97	0.97	0.97	0.95	0.95
10〃12〃	0.90	0.98	0.99	0.99	0.97	0.96	0.96
12〃14〃	0.91	0.99	1.00	1.00	0.97	0.97	0.97
14〃16〃	0.92	1.00	1.00	1.00	1.00	0.98	0.98
16〃20〃	0.93	1.00	1.00	1.00	1.00	0.99	0.99
20〃24〃	0.94	1.00	1.00	1.00	1.00	1.00	1.00
24〃28〃	0.95	1.00	1.00	1.00	0.97	1.00	1.00
28〃32〃	0.96	1.00	0.98	1.00	0.95	1.00	1.00
32〃36〃	0.97	1.00	0.96	0.97	0.93	1.00	1.00
36〃40〃	0.98	1.00	0.94	0.95	0.92	1.00	1.00
40〃44〃	0.99	1.00	0.92	0.93	0.91	1.00	1.00
44〃48〃	1.00	1.00	0.90	0.91	0.90	1.00	1.00
48〃52〃	1.00	0.99	0.88	0.89	0.89	1.00	1.00
52〃56〃	1.00	0.98	0.87	0.88	0.88	1.00	1.00
56〃60〃	1.00	0.97	0.86	0.87	0.87	1.00	1.00
60〃64〃	1.00	0.96	0.85	0.86	0.86	0.99	1.00
64〃68〃	1.00	0.95	0.84	0.85	0.85	0.98	1.00
68〃72〃	1.00	0.94	0.83	0.84	0.84	0.97	1.00
72〃76〃	1.00	0.93	0.82	0.83	0.83	0.96	1.00
76〃80〃	1.00	0.92	0.81	0.82	0.83	0.96	1.00
80〃84〃	1.00	0.90	0.80	0.81	0.82	0.93	1.00
84〃88〃	1.00	0.88	0.80	0.81	0.82	0.93	1.00
88〃92〃	1.00	0.86	0.80	0.80	0.82	0.93	1.00
92〃96〃	0.99	0.84	0.80	0.80	0.81	0.90	1.00
96〃100〃	0.97	0.82	0.80	0.80	0.81	0.90	1.00
100〃	0.95	0.80	0.80	0.80	0.80	0.90	1.00

■土地及び土地の上に存する権利の評価明細書の記入例
　一方のみが路線に面する宅地の場合

宅地の評価❷(側方路線影響加算率)

角地の場合

　宅地が正面と側方とで路線に接している、いわゆる角地の場合、評価額が加算されます。2つの道路に面しているということはつまり利便性が良いということなので、評価額も当然高くなるのです。

　角地の評価額は、前述の奥行価格補正率を用いた正面路線の価額に、奥行価格補正率、さらに側方路線影響加算率を用いた側方路線の価額を加算して算定します。

　奥行距離は、原則として、正面路線に対し垂直的な奥行距離によります。しかし土地がきれいな正方形でなく、奥行が場所によってまちまちな場合には、平均的な奥行距離によって算定します。

A（正面路線価×奥行価格補正率）
B（側方路線価×奥行価格補正率×側方路線影響加算率）
（A＋B）×地積＝その土地の評価額

(例)

260D
側方路線 240D
土地B（普通住宅地区）
8m
12.5m

計算例

（正面路線価）（正面奥行価格補正率）
260,000円 × 0.97 ＝ 252,200円（A）

（側方路線価）（側方奥行価格補正率）（側方路線影響加算率）
240,000円 × 1.00 × 0.03 ＝ 7,200円（B）

　　（A＋B）　　　（地積）　　（土地の評価額）
259,400円 × 100㎡ ＝ 25,940,000円

正面路線と側方路線について

　正面路線は、実際の利用状況にかかわらず、単に「路線価×奥行価格補正率」で計算した価額の、より高い方の道路が正面道路になります。路線価の高い道路ではなく、奥行価格補正率を乗じて計算した価額であることに注意が必要です。

角地の種類

　側方路線加算率は、側方路線影響加算率で確認します。右上の表を見ると分かるように、加算率には「角地の場合」と「準角地の場合」の2種類があります。図のように、1系統の道路が折れ曲がってその内側に土地が接している角地を「準角地」といいます。「角地」のほうが「準角地」よりも利便性が良いと考えられるので、より高い評価額になります。P97の例は「角地」です。

■側方路線影響加算率表

地区区分	加算率	
	角地の場合	準角地の場合
ビル街地区	0.07	0.03
高度商業地区 繁華街地区	0.10	0.05
普通商業・ 併用住宅地区	0.08	0.04
普通住宅地区 中小工場地区	0.03	0.02
大工場地区	0.02	0.01

(注) 準角地とは、図のように一系統の路線の屈折部の内側に位置するものをいう。

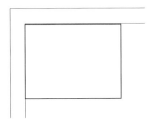

■土地及び土地の上に存する権利の評価明細書の記入例

角地の場合

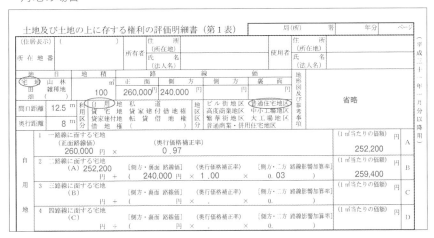

宅地の評価❸（二方路線影響加算率）

二方の道路に挟まれている場合

　宅地が正面と裏面とで路線に接している場合、評価額が加算されます。角地と同じく、利便性が良いと見なされるためです。
　計算方法も側方路線影響加算率と似ています。奥行価格補正率を用いた正面路線の価額に、奥行価格補正率、さらに二方路線影響加算率を用いた裏面路線の価額を加算して算定します。

A（正面路線価×正面路線の奥行価格補正率）
B（裏面路線価×裏面路線の奥行価格補正率×二方路線影響加算率）
（A+B）×地積＝その土地の評価額

（例）

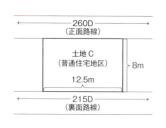

```
計算例

（正面路線価）　（正面奥行価格補正率）
260,000円　×　0.97　　　＝　　252,200円（A）

（裏面路線価）　（裏面奥行価格補正率）　（二方路線影響加算率）
215,000円　×　0.97　×　0.02　＝　4,171円（B）

　（A+B）　　　（地積）　　　（土地の評価額）
256,371円　×　100㎡　＝　25,637,100円
```

正面路線と二方路線について

　正面路線は、実際の利用状況にかかわらず、単に「路線価×奥行価格補正率」で計算した価額の、より高い方の道路が正面道路になります。裏面路線は、正面路線以外の、つまり「路線価×奥行価格補正率」で計算した価額のより低い方になります。

■二方路線影響加算率表

地区区分	加算率
ビル街地区	0.03
高度商業地区 繁華街地区	0.07
普通商業・併用住宅地区	0.05
普通住宅地区 中小工場地区 大工場地区	0.02

■土地及び土地の上に存する権利の評価明細書の記入例
二方の道路に挟まれている場合

土地及び土地の上に存する権利の評価明細書（第1表）

地目：宅地　地積：100㎡
路線価　正面 260,000円　側方 ―　側方 ―　裏面 215,000円
間口距離 12.5 m　奥行距離 8 m
利用区分：自用地
地区区分：普通住宅地区

1　一路線に面する宅地
　（正面路線価）　　　（奥行価格補正率）
　　260,000円　×　　0.97　　　　　　　　　　　(1㎡当たりの価額) 252,200円　A

2　二路線に面する宅地
　（A）　　［側方・裏面 路線価］（奥行価格補正率）［側方・二方 路線影響加算率］
　252,200円 ＋（ 215,000円 × 0.97 × 0.02 ）　　(1㎡当たりの価額) 256,371円　B

3　三路線に面する宅地
　（B）　　［側方・裏面 路線価］（奥行価格補正率）［側方・二方 路線影響加算率］
　　　円 ＋（　　円 ×　.　×　0.　）　　(1㎡当たりの価額)　円　C

4　四路線に面する宅地
　（C）　　［側方・裏面 路線価］（奥行価格補正率）［側方・二方 路線影響加算率］
　　　円 ＋（　　円 ×　.　×　0.　）　　(1㎡当たりの価額)　円　D

宅地の評価❹（間口狭小補正率）

道路に接する間口が狭い場合

路線に接している宅地の間口が狭い場合、奥行価格補正後の価額に 間口狭小補正率 を乗じて算定します。

A（正面路線価×奥行価格補正率）
A×間口狭小補正率×地積＝その土地の評価額

（例）

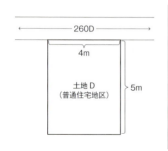

計算例

（正面路線価）　　（奥行価格補正率）
260,000円 × 0.92 = 239,200円（A）

（A）　　　（間口狭小補正率）
239,200円 × 0.94 = 224,848円（B）

（B）　　　（地積）　　　（土地の評価額）
224,848円 × 20㎡ = 4,496,960円

■間口狭小補正率

地区区分 間口距離 （メートル）	ビル街地区	高度商業地区	繁華街地区	普通商業・併用住宅地区	普通住宅地区	中小工場地区	大工場地区
4未満	-	0.85	0.90	0.90	0.90	0.80	0.80
4以上6未満	-	0.94		0.97	0.94	0.85	0.85
6〃8〃	-	0.97			0.97	0.90	0.90
8〃10〃	0.95					0.95	0.95
10〃16〃	0.97		1.00	1.00	1.00		0.97
16〃22〃	0.98	1.00				1.00	0.98
22〃28〃	0.99						0.99
28以上	1.00						1.00

■間口距離の取り方の例

①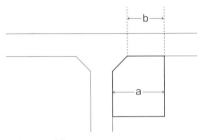

aが間口距離

②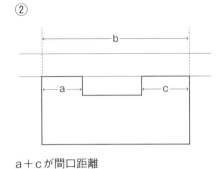

a+cが間口距離

③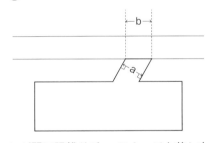

bが間口距離だが、aによっても差し支えない

④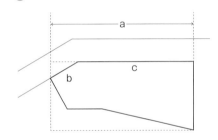

aか（b+c）のいずれか短い距離＝a

⑤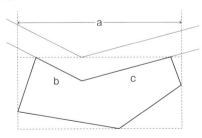

aか（b+c）のいずれか短い距離
＝（b+c）

宅地の評価❺（奥行長大補正率）

間口に比べて奥行が長すぎる場合

宅地の奥行が間口のわりに長すぎる、いわば「うなぎの寝床」のような地形である場合、奥行価格補正後の価額に奥行長大補正率を乗じて算定します。

A（正面路線価×奥行価格補正率）
A×奥行長大補正率×地積＝その土地の評価額

（例）

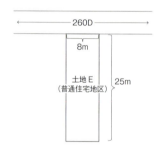

計算例

（正面路線価）　（奥行価格補正率）
260,000円 × 0.97 ＝ 252,200円（A）

（A）　　　　（奥行長大補正率）
252,200円 × 0.96 ＝ 242,112円（B）

（B）　　　　（地積）　　　（土地の評価額）
242,112円 × 200㎡ ＝ 48,422,400円

■奥行長大補正率

地区区分 奥行距離 間口距離	ビル街地区	高度商業地区 繁華街地区 普通商業・ 併用住宅地区	普通住宅地区	中小工場地区	大工場地区
2以上3未満		1.00	0.98	1.00	
3〃4〃		0.99	0.96	0.99	
4〃5〃		0.98	0.94	0.98	
5〃6〃	1.00	0.96	0.92	0.96	1.00
6〃7〃		0.94		0.94	
7〃8〃		0.92	0.90	0.92	
8以上		0.90		0.90	

■土地及び土地の上に存する権利の評価明細書の記入例
間口が狭く奥行が長い場合（PI02とPI04の両方）

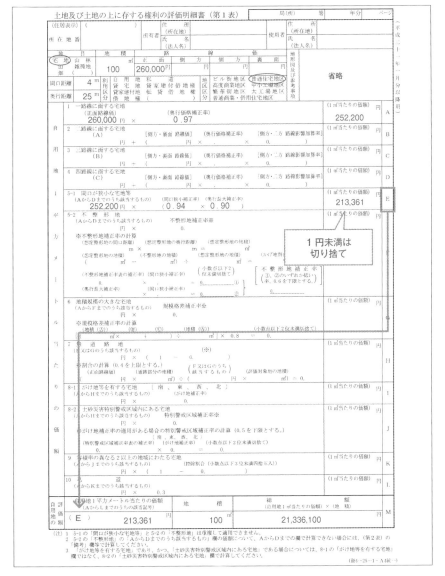

宅地の評価❻（不整形地補正率）

形状がいびつである場合

形がいびつな不整形地の場合は、前述の奥行価格補正地、側方路線影響加算地、及び二方路線影響加算率を適用した後の価額に、その土地の形状に応じた不整形地補正率を乗じて算定します。

A（正面路線価×奥行価格補正率）
A×不整形地補正率×地積＝その土地の評価額

（例）

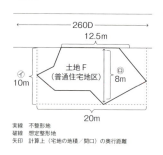

手順① 地積区分を確認する

評価する不整形地の地区区分と地積区分をP107の「地積区分表」に当てはめて、「A」「B」「C」のいずれの地区区分に該当するかを確認します。上記の例の場合では、「普通住宅地区」で、地積が「100平方メートル」なので、Aに当てはまります。

■地積区分表

地区区分 \ 地積区分	A	B	C
ビル街地区	4,000平方メートル未満	4,000平方メートル以上 6,000平方メートル未満	6,000平方メートル以上
高度商業地区	1,000平方メートル未満	1,000平方メートル以上 1,500平方メートル未満	1,500平方メートル以上
繁華街地区	450平方メートル未満	450平方メートル以上 700平方メートル未満	700平方メートル以上
普通商業・併用住宅地区	650平方メートル未満	650平方メートル以上 1,000平方メートル未満	1,000平方メートル以上
普通住宅地区	500平方メートル未満	500平方メートル以上 750平方メートル未満	750平方メートル以上
中小工場地区	3,500平方メートル未満	3,500平方メートル以上 5,000平方メートル未満	5,000平方メートル以上

手順② かげ地割合を求める

かげ地とは、不整形地を評価するために用いられる考え方であり、日当たりの悪い土地のことではありません。不整形地を評価するためには、不整形地の全域を囲むように、正方形や長方形の「想定整形地」を取る必要があります。その矩形（想定整形地）から不整形地を除いた部分が、「かげ地」となるのです。このかげ地部分が大きくなればなるほど、評価額の減額も大きくなります。

かげ地割合の計算式は以下です。

$$\text{かげ地割合（50％）} = \frac{\text{想定整形地の地積（200㎡）} - \text{不整形地の地積（100㎡）}}{\text{想定整形地の地積（200㎡）}}$$

手順③ 不整形地補正率を求める

手順①で確認した地積区分と、手順②で計算したかげ地割合を、以下の「不整形地補正率表」に当てはめて、不整形地補正率を求めます。P106の例では、地積区分が「A」で、かげ地割合が「50％」だったので、「0.79」が当てはまります。

■不整形地補正率表

地区区分	高度商業地区、繁華街地区、普通商業・併用住宅地区、中小工場地区			普通住宅地区		
地積区分 かげ地割合	A	B	C	A	B	C
10％以上	0.99	0.99	1.00	0.98	0.99	0.99
15％〃	0.98	0.99	0.99	0.96	0.98	0.99
20％〃	0.97	0.98	0.99	0.94	0.97	0.98
25％〃	0.96	0.98	0.99	0.92	0.95	0.97
30％〃	0.94	0.97	0.98	0.90	0.93	0.96
35％〃	0.92	0.95	0.98	0.88	0.91	0.94
40％〃	0.90	0.93	0.97	0.85	0.88	0.92
45％〃	0.87	0.91	0.95	0.82	0.85	0.90
50％〃	0.84	0.89	0.93	0.79	0.82	0.87
55％〃	0.80	0.87	0.90	0.75	0.78	0.83
60％〃	0.76	0.84	0.86	0.70	0.73	0.78
65％〃	0.70	0.75	0.80	0.60	0.65	0.70

■想定整形地の取り方の具体例

①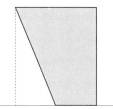

②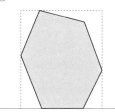

③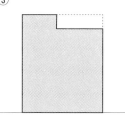

④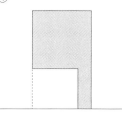

⑤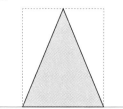

⑥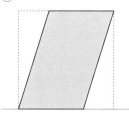

⑦

⑧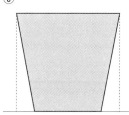

⑨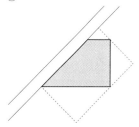

⑩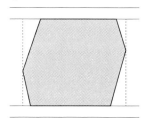

⑪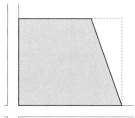

⑫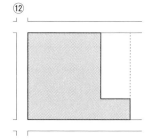

■土地及び土地の上に存する権利の評価明細書の記入例

形状がいびつな土地（不整形地）

宅地の評価❼（貸宅地）

他人に貸している土地

　他人に貸している土地を貸宅地と言い、自用地としての価額に（1－借地権割合）を乗じて計算します。自用地とは、他人に貸していない土地のことで、所有者本人が使っている土地や更地などがこれに当てはまります。

　自用地の場合、これまで解説してきた倍率方式や路線価方式で評価した価額が、そのまま評価額になります。つまり路線価方式であれば、画地調整率等全て計算し終えたあとの価額です。この評価額に（1－借地権割合）をかけたものが、貸宅地の評価額です。地域によって異なりますが、貸宅地の評価額は、自用地の評価額の30〜40％程度です。

自用地としての評価額×（1－借地権割合）＝その土地の評価額

（例）

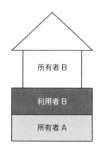

計算例

（自用地の評価額）		（1－借地権割合）		（土地の評価額）
25,220,000円	×	（1－0.6）	＝	10,088,000円

■借地権割合

記号	A	B	C	D	E	F	G
借地権割合	90%	80%	70%	60%	50%	40%	30%

POINT　借主側には借地権がある

貸主側は、P111のように貸宅地として評価しますが、借主側にも「借地権」という権利があります。「借地権」とはその宅地を使う権利のことで、財産の一種ですから、評価をして相続財産に含める必要があります。

自用地としての評価額×借地権割合＝その土地の権利の評価額

宅地の評価❽（貸家建付地）

賃貸物件の建っている土地

　他人に貸している土地のことを貸宅地と言いますが、その土地の所有者が貸家やアパートなどを建て、その建物を賃貸し収益を得ているような場合は、貸家建付地として評価します。自用地としての評価額に、（1－借地権割合×借家権割合）を乗じて計算します。

　借家権とは、家屋などの建物を借りて使用する権利のことです。借家権割合は現在、全国一律30％となっています。

戸建ての貸家の場合

自用地としての評価額×（1－借地権割合×借家権割合）＝その土地の評価額

　また、その土地に貸家に係る各独立部分がある場合、つまり賃貸アパートや賃貸マンションの敷地の場合は、さらに賃貸割合を乗じます。賃貸割合とは、簡単に言えば相続時点で部屋を貸し出していた割合のことです。全て満室であれば100％を乗じますが、空室があった場合は、その空室部分を差し引いた割合を乗じることになります。

　例えば10部屋を貸し出していたとして、そのうちの3部屋が空室だった場合、10分の7を乗じることになり、結果的に満室時よりも割高な評価になってしまいます。

賃貸アパートや賃貸マンションの場合

**自用地としての評価額×（1－借地権割合×借家権割合×賃貸割合）
＝その土地の評価額**

POINT　使用貸借について

　親が所有している土地を子供が借りるケースなど、無償（つまりタダ）で土地を貸し借りすることを使用貸借といいます。既に述べた通り、借主には借地権や借家権という権利があります。しかし使用貸借の場合は、無償での貸し借りということで、借主の権利(使用借権という)は通常よりも弱いものになっています。借主を保護するための法律である、「借地借家法」の適用もありません。

　また、地代の代わりに固定資産税分を借主が支払う、というケースがあります。こういったケースは、金銭を支払っていても「使用貸借」になりますので、注意してください。

　ただ、アパートの場合は、空室でもきちんと不動産会社が介入し、募集などもしているのであれば、3カ月ぐらいの空室は空室でないと認めてもらえます。もし空室期間が1年前後におよぶ場合は、税理士に相談しましょう。

　一軒家の場合はアパートと違い、退去していたら、期間を問わず空室とみなされます。

財産を評価しよう（家屋）

家屋の評価

　家屋の評価は、その家屋の固定資産税評価額に基づいて行われます。固定資産税評価額は、土地と同じく固定資産の課税明細書で確認することができます。
　評価方法は、土地に比べれば単純です。基本的にはその家屋の固定資産税評価額に1.0倍の倍率を乗じて計算するので、通常はそのまま固定資産税評価額が家屋の評価額になります。

自用家屋

固定資産税評価額×1.0＝その家屋の評価額

貸家

固定資産税評価額×（1－借家権割合）＝その家屋の評価額

賃貸アパート・賃貸マンション

固定資産税評価額×（1－借家権割合×賃貸割合）＝その家屋の評価額

財産を評価しよう（事業用財産）

事業用財産の評価

　個人事業主に相続が発生した場合、事業用資産も相続税の課税対象となります。農業を営んでいた場合は、例えばトラクターなどの重機がこれらに当てはまります。
　事業用財産に関しては、毎年の確定申告書に減価償却資産が計上されているはずですから、確定申告書を確認すれば、申告すべき事業用財産が分かります。

原則

売買実例価額、精通者意見価格等＝評価額

例外（売買実例価額等が不明な場合）

新品小売価額－経過年数による減価の額＝評価額

　減価償却費の計算方法としては、毎年、一定の金額で費用を計上する「定額法」と一定の率で費用を計上する「定率法」の2種類があります。相続税においては、定率法で計算することが決められています。確定申告書の場合は「定額法」で計算されていることが多いので注意してください。また、減価償却費は年単位で計算します。例えば、購入後3年2カ月経っている場合は、切り上げて4年とします。
　耐用年数が10年と設定されている事業用財産のうち、すでに10年が経過して価値としては0円だけれども、まだ使用可能なものについては、時価で算定します。

財産を評価しよう（現金・預貯金）

現金・預貯金の評価

　現金については、金庫（貸金庫含め）やタンス、お財布の中など、手元にあるものを調べます。手元にある残高がそのまま評価額になります。預貯金関係は、銀行で被相続人が亡くなった日の残高証明書を発行してもらいます。記帳した通帳の一番最後の金額が評価額になるわけではない点に注意です。

定期預金

課税時期の預入残高＋（解約時既経過利子－源泉徴収額）＝評価額

普通預金・通常預金等

既経過利子の金額が少額の場合は預入残高をそのまま評価額とする

　よく、被相続人が亡くなると同時に、口座を凍結されると思って焦って現金を引き出す人がいますが、預金の引き出しは基本的には禁止です。
　葬儀費用として使うために引き出すケースが多いようですが、被相続人の亡くなった当日や、その前に引き出した預金については、相続財産に戻さなければなりません。勝手に預金を引き出す、イコール相続財産を前借りしているに等しいからです。
　また、通帳には、生命保険料、固定資産税、ローンなど、被相続人に関する様々な情報が詰まっています。大きい動き（出入金）があったら、その内訳については事前に特定しておきましょう。例えば、過去3年以内の贈与は、相続財産に差し戻さなければなりません。贈与でないかを確認しましょう。

POINT　名義預金に注意

　名義預金とは、被相続人の子や孫の名義の口座に被相続人がお金を積み立てているような預金口座を言います。
　相続税の税務調査で最も指摘されることが多いので、要注意です。

財産を評価しよう（有価証券）

有価証券（上場株式）の評価

　まずは、被相続人がどういった株式を持っているかを確認します。被相続人が生前に財産目録や、株式の一覧表などを作成していてくれればスムーズですが、無い場合には地道に探します。その後は、証券会社に問い合わせ、亡くなった日の日付の残高証明書を出してもらいます。上場株式の評価方法は原則通り時価によりますが、以下の①〜④までの価額のうち、最も低い価額で評価することができます。

(1) 亡くなった日の終値
(2) 亡くなった月の毎日の終値の平均額
(3) 亡くなる前月の毎日の終値の平均額
(4) 亡くなる前々月の毎日の終値の平均額

　証券会社へ依頼する際には、「被相続人の相続税の評価なので、『亡くなった日の終値』『亡くなった月平均の終値』『亡くなる前月平均の終値』『亡くなる前々月平均の終値』も一緒に出してください」とお願いしましょう。証券会社へ依頼しなくても、東証のホームページを参考に自分で確認することもできます。
　また、銘柄によっては複数の証券取引所に上場しているケースもあります。この場合は、納税者がどの証券取引所が公表する終値を使用するかを選択することができます。有利な方を選ぶのが良いでしょう。
　実際のところ、複数の証券取引所に上場をしていたとしても、同じくらいの取り引きがなされるということは少ないようです。たいていは圧倒的に一つの証券取引所での取り引きが多く、本社所在地に近い方で多くの取り引きが行われることが多いです。
　4種類の価額が分かったら、それぞれの額を比べて算出した一番安い金額に、持株数を掛けます。

株式の数量×１株あたりの価額＝評価額

有価証券（非上場株式）の評価

非上場株式の評価は上場株式に比べて難易度が高いので、相続税専門の税理士に依頼すると良いでしょう。上場株式の場合は、証券会社に残高照会をかけられますが、非上場株式の場合は、決算書を見て会社の経営状態から株価を算定するという作業になり、少々複雑なのです。基本的には税理士に相談すべきですが、ここでは、簡単に評価の方法を確認します。

上場株式の場合は、取引相場があるため、誰が相続しても時価は変わりません。しかし、非上場株式の場合は、誰が相続するかによって、その価値は大きく変わります。よって非上場株式では、相続する人が同族株主等かどうかで評価方法が異なる点に注意です。手順をフローチャートで確認しましょう。

■非上場株式の評価方式の判定表

発行会社の区分	株主の態様					株式評価方式
同族株主がいる会社	同族株主	取得後の議決権割合5％以上			支配株主	原則的評価方式
		取得後の議決権割合5％未満	中心的な同族株主がいない場合		支配株主	原則的評価方式
			中心的な同族株主がいる場合	中心的な株主	支配株主	原則的評価方式
				役員株主	支配株主	原則的評価方式
				その他	少数株主	特例的評価方式（配当還元方式）
	同族株主以外の株主				少数株主	特例的評価方式（配当還元方式）
同族株主がいない会社	議決権割合の合計が15％以上のグループに属する株主	取得後の議決権割合5％以上			支配株主	原則的評価方式
		取得後の議決権割合5％未満	中心的な株主がいない場合		支配株主	原則的評価方式
			中心的な株主がいる場合	役員株主	支配株主	原則的評価方式
				その他	少数株主	特例的評価方式（配当還元方式）
	議決権割合の合計が15％未満のグループに属する株主				少数株主	特例的評価方式（配当還元方式）

■非上場株式の評価方式のフローチャート

同族株主がいる会社

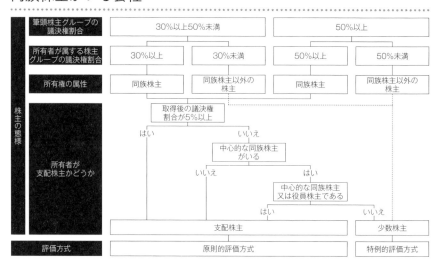

同族株主がいない会社

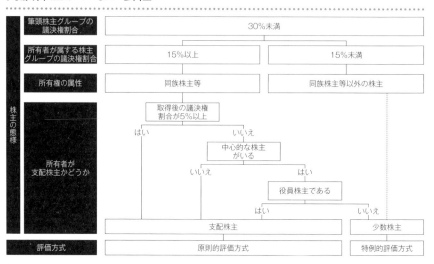

用語解説

中心的な同族株主：
　同族株主の1人とその親族の有する議決権の合計議決権割合が議決権総数の25%以上である場合の、そのグループに属する株主のこと。

役員：
役員の範囲は以下。
・社長、理事長
・代表取締役、代表執行役、代表理事及び清算人
・副社長、専務、常務、その他これに準ずる職制上の地位を有する役員
・取締役(委員会設置会社の取締役に限る)、会計参与及び監査役並びに監事

中心的な株主：
　株主の1人とその親族の有する議決権の合計議決権割合が、議決権総数の15%以上であり、かつ1人で10%以上の議決権を所有している株主のこと。

原則的評価方式

「原則的評価方式」には3つの評価方式があり、会社の規模に応じて以下のように選択することができます。

■会社の規模と評価方式

会社の規模	評価方式
大会社	①類似業種比準価額方式
	②純資産価額方式
中会社の大	類似業種比準価額×90%＋純資産価額×10%
中会社の中	類似業種比準価額×75%＋純資産価額×25%
中会社の小	類似業種比準価額×60%＋純資産価額×40%
小会社	①純資産価額方式
	②類似業種比準価額×50%＋純資産価額×50%

※2つあるものは①か②のどちらか低い方を選択

会社の規模によって評価方法は変わるので、まずは以下の表に当てはめて会社の規模を確認しましょう。3つの判断基準（総資産価額、年間取引金額、従業員数）で大中小の別が決められています。

■会社規模の判定

総資産価額			年間取引金額			従員数業	会社区分
卸売業	小売・サービス業	左記以外	卸売業	小売・サービス業	左記以外		
						70人以上	大会社
20億円以上	15億円以上	15億円以上	30億円以上	20億円以上	15億円以上	35人超	大会社
4億円以上	5億円以上	5億円以上	7億円以上	5億円以上	4億円以上	35人超	中会社の大
2億円以上	2.5億円以上	2.5億円以上	3.5億円以上	2.5億円以上	2億円以上	20人超	中会社の中
7,000万円以上	4,000万円以上	5,000万円以上	2億円以上	6,000万円以上	8,000万円以上	5人超	中会社の小
7,000万円未満	4,000万円未満	5,000万円未満	2億円未満	6,000万円未満	8,000万円未満	5人以下	小会社

類似業種比準価額方式

「類似業種比準価額方式」とは、仮にその株式が上場した場合どのくらいの株価になるのか、という考えに基づく評価方式です。それぞれの配当、利益、簿価純資産は、1株あたり資本金等の額を50円として換算した株数を用います。

■1株あたり類似業種比準価額

$$= A\text{〔類似〕株価} \times \frac{\dfrac{Ⓑ\text{〔会社〕配当}}{B\text{〔類似〕配当}} + \dfrac{Ⓒ\text{〔会社〕利益}}{C\text{〔類似〕利益}} + \dfrac{Ⓓ\text{〔会社〕純資産}}{D\text{〔類似〕純資産}}}{3}$$

$$\times \text{斟酌率(大会社:0.7、中会社:0.6、小会社:0.5)}$$

A:類似業種の株価(課税時期の属する月以前3カ月間の各月および前年平均額、課税時期の属する月以前2年間の平均額のうち、いずれか低い金額)
B:課税時期の属する年の類似業種の1株あたりの配当金額
Ⓑ:評価会社の直前期末および直前々期末における1株あたりの配当金額の平均値(2年間)
C:課税時期の属する年の類似業種の1株あたりの年利益金額
Ⓒ:評価会社の直前期末以前1年間または2年間の年平均における1株あたりの利益金額(法人税の課税所得を基礎とした金額)のいずれか低い金額
D:課税時期の属する年の類似業種の1株あたりの簿価純資産価額
Ⓓ:評価会社の直前期末における1株あたりの簿価純資産価額

純資産価額方式

「純資産価額方式」とは、その会社を清算した場合にどのくらいの財産が分配できそうか、という考えに基づく評価方法です。会社の資産や負債の相続税評価額を基準に、1株あたりの純資産価額を算出します。

$$1株あたりの純資産価額 = \frac{[総資産評価額 - 負債金額] - \begin{bmatrix}清算所得に対する\\法人税等相当額\end{bmatrix}}{発行済株式総数}$$

総資産評価額……相続税評価額により計算します。
負債金額……課税時期における評価会社の各負債の合計額によります。
清算所得に対する法人税等相当額……
　　課税時期において評価会社を清算したと仮定して計算した金額です。具体的には相続税評価額による純資産価額と帳簿価額による純資産価額の差額（評価差益）に37％を乗じて計算します。
発行済株式総数……自己株式を除きます。

特例的評価方式

同族株主等以外の株主が取得した株式については、会社の配当実績に基づき、全て「特例的評価方式（配当還元方式）」で評価します。1株あたりの資本金等の額は50円として換算します。

$$評価額 = \frac{直前期末以前2年間の年平均配当金額}{10\%} \times \frac{その株式1株あたりの資本金等の額}{50円}$$

POINT　特定会社等の株式の評価方式

評価対象の会社が以下の特定会社等に該当する場合には、原則として純資産価額方式で評価します。

① 類似業種比準方式で評価する場合の3つの比準要素である「配当金額」「利益金額」及び「純資産価額（簿価）」のうち直前期末の比準要素のいずれか2つがゼロであり、かつ、直前々期末の比準要素のいずれか2つ以上がゼロである会社（比準要素数1の会社）の株式
② 株式等の保有割合（総資産価額中に占める株式、出資及び新株予約権付社債の価額の合計額の割合）が一定の割合以上の会社（株式等保有特定会社）の株式
③ 土地等の保有割合（総資産価額中に占める土地などの価額の合計額の割合）が一定の割合以上の会社（土地保有特定会社）の株式
④ 課税時期（相続の場合は被相続人の死亡した日、贈与の場合は贈与により財産を取得した日）において開業後の経過年数が3年未満の会社や、類似業種比準方式で評価する場合の3つの比準要素である「配当金額」、「利益金額」及び「純資産価額（簿価）」の直前期末の比準要素がいずれもゼロである会社（開業後3年未満の会社等）の株式
⑤ 開業前又は休業中の会社の株式

家庭用財産の評価

　家庭用財産とは、いわゆる家財のことです。具体的に挙げると、自動車、船舶、金等の貴金属、ブランド品、骨董等の美術品、エアコンや洗濯機などの家電、家具などがこれに当てはまります。

　国税庁の決まりでは、5万円以下の財産はまとめて申告していいということになっています。リサイクルショップに持っていったらどれぐらいの価額になりそうか、ということを考えて、5万円以下であれば、「家電：5万円」のように、まとめて申告しても問題ありません。新品のハイテク機器は別として、一般的に、使い古したテレビ、椅子、机などを中古で売っても、大した値段にはなりませんから、まとめての記載で済むことも多いです。とはいえ、少なからず家電や家具がある以上、0円というのはあり得ない話ですから、必ず評価額をつけて申告してください。

　一般的な家具のほかに、例えば高級車や、高額な美術品などを相続する場合は、それぞれ別に、一般動産として評価します。

原則

売買実例価額、精通者意見価格等＝評価額

例外（売買実例価額等が不明な場合）

新品小売価額－経過年数による減価の額＝評価額

　※評価方法の例
　・買取り業者の査定価格を参考にする
　・実際の売却価格を参考にする
　・専門家に鑑定を依頼する
　・売買実例価額を参考にする

生命保険金の評価

　生命保険会社から支払通知書が送られてきますので、記載の金額をそのまま計上します。複数の保険金がある場合は、その金額を足し合わせます。
　また、保険金には「500万円×法定相続人の数」の控除があります。相続放棄をした相続人がいた場合は、放棄した人も相続人の数に含めます。

　被相続人が、生命保険に入っていたか分からない場合は、被相続人の通帳を確認してみましょう。引き落とされているお金に、生命保険の支払いらしきものがないかを調べます。振り込みで保険料を支払っている場合は、書類が郵送されてきているはずなので探してみましょう。
　例えば一括で払った生命保険などは、その存在に気付かないこともあります。もし後から申告漏れに気付いたら、その時点で早急に申告しましょう。生命保険は自分から請求しないと支払われず、また、支払いには期限もあるので注意が必要です。漏れをなくすためには、生前に財産目録をつくっておくことが一番です。

　生命保険については、生命保険金そのものだけでなく、その権利にも気をつけなければいけません。たとえば、被相続人が契約者であり、配偶者が被保険者であった場合などです。被相続人が亡くなったことで、その「生命保険を結ぶ権利」が相続人にうつります。その契約を解約した場合に解約返戻金が支払われるのであれば、相続開始時までの解約返戻金を保険会社に問い合わせて、相続財産として計上します。
　生命保険契約の権利については、保険料を支払っているのが被相続人だったら要注意です。保険対象者が誰であるかは問題ではありません。
　また、この契約の権利ですが、生命保険金と違って「500万円×法定相続人の数」の控除の対象外です。死亡保険金ではないので、控除も使えませんし、第9表に記載する必要もありません。

退職金の評価

　被相続人が在職中に亡くなった場合は、その退職金も相続財産です。評価する際は、会社から退職金として支給された金額をそのまま計上します。退職金にも生命保険金同様、「500万円×法定相続人の数」の控除があります。

　退職金については、勤続年数のわりに金額がすごく多いなど実態がともなっていない場合は脱税目的と見なされることもあるので注意です。

　また、小規模企業の経営者や役員のための小規模企業共済も退職金の扱いとなります。退職金同様、支給された金額をそのまま計上します。「500万円×法定相続人の数」の控除を使うことができます。

その他の財産の評価

これまでの分類に当てはまらなかった財産を、その他の財産として評価します。また、家庭用財産として評価するには高額すぎる一般動産や美術品なども、その他の財産として評価することがあります。

その他の財産として忘れがちなのが、介護保険料還付金、医療保険料還付金、所得税還付金などの還付金です。還付金の場合、基本的に戻ってきた金額をそのまま計上します。

また、今の時代、あまり所持している人が多くありませんが、ゴルフ会員権や、リゾート会員権などの会員権類なども高額になりやすい財産ですから、忘れずに申告しましょう。取引相場のある会員権の場合は、通常の取引価格に70％をかけて評価します。

被相続人が電話加入権を持っていた場合は、これも評価して申告しましょう。評価方法は、国税庁ホームページの「財産評価基準書」に記載がありますが、現段階では全国一律1,500円です。

■その他の財産の例

電話加入権	全国一律1,500円
各種会員権	取引価格×70％
庭園設備	調達費用×70％
一般動産（高級車や船舶など）	中古市場を確認
各種還付金（所得税・介護保険料など）	受け取った金額
医療保険（入院給付金・手術給付金など）	受け取った金額
年金受給権（被相続人に対する未支給年金）	申請した人の所得としてその年の確定申告で申告
国外財産	為替レートなど非常に複雑なため税理士に相談すべき

COLUMN

相続人が海外にいる場合

　海外に在住する日本人の数は年々増え続けていますが、相続人が海外にいる場合の相続税申告は、どういった点に注意すればよいのでしょう。海外に居住している相続人であっても、被相続人が日本国籍であれば相続税の申告は必要ですし、当然納税の義務もあります。また、海外に住んでいるからといって、相続人から除外されることはありません。
　相続人が海外にいる場合は、特に必要書類などの点で通常とは異なるので注意が必要です。

遺産分割協議は相続人全員で

　相続人全員が国内にいる場合と同様に、遺産分割協議には相続人全員が参加する必要があります。海外にいる相続人以外の相続人同士で遺産分割協議を行っても、当然無効と見なされるので注意しましょう。権利のあるすべての相続人がしっかりと話し合うことが重要です。

サイン証明書

　海外に居住している相続人には、諸々の手続きで必要となる「印鑑証明書」が取得できません。代わりに「サイン証明書」を発行してもらうことになります。サイン証明は遺産分割協議書を領事館に持参し、職員の前でサインをすることで取得できます。これを印鑑証明と同様のものとして、相続の際、例えば遺産分割協議書への添付書類に使用します。

在留証明書

　不動産登記などに利用する住民票。海外では取得できないので、住民票の代わりに「在留証明書」という書類が必要になります。この在留証明書は、サイン証明書と同様に、現地の領事館で申請・取得することができます。サイン証明書と在留証明書はセットで考え、まとめて取得しておくと楽に手続きを進められます。

納税管理人

　海外に居住している相続人は、申告書の提出や納税が難しいケースも多いで

す。そのため、「納税管理人」という制度が用意されています。親族などが、海外にいる相続人の「納税管理人」として、代わりに申告や納税を行えるという制度です。納税管理人を定めた場合は、「納税管理人届出書」に必要事項を記入して税務署に提出します。

第4章
申告書を作成しよう

ソフトを使いながら
作成していこう

いよいよ、ソフトを使って相続税の申告書を
作成していきます。

事前準備① ～現状把握～ / 事前準備② ～書類集め～ / 事前準備③ ～財産評価～ / 申告書の作成 / 申告書の提出

申告書作成の手順の確認

申告書の作成について

申告書には、どこに何を書けばよいか、きちんと記載してありますので、読み解く力と、探し出す力があれば、自分自身で作成することができます。

しかし、実際に申告書を手書きで完成させるのは、思った以上に大変です。

そこで、当事務所では無料の申告ソフトを開発しました。手書きだと、一つ一つ計算、記入していかなければならない内容であっても、ソフトを使えば、必要箇所を入力するだけで、連動する箇所は全て自動的に計算され、埋められていきます。

では早速、申告書の作成手順、さらに、ソフトを使用する場合の入力方法を見ていきましょう。

申告書の作成手順

相続税の申告書は、第1表から第15表まであります。そのすべてを提出する必要はなく、自分に関係するもののみを提出します。

少なくとも、第1表、第2表、第11表、第13表、第15表の5種類は、すべての人に共通で必要となるものです。

■申告書の作成手順の概要

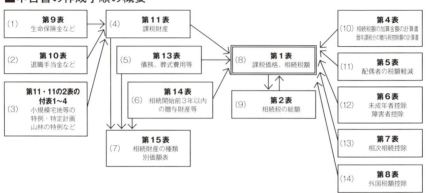

記入例の確認

記入例

以下の相続一家の場合を例に見ていきましょう。

■家系図

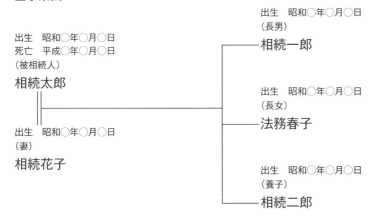

■財産一覧

種類	細目	利用区分	所在地など	価額	取得者	取得者
土地	宅地	自用地	○県○市○町○丁目○番地	9,100,000	相続花子	
土地	宅地	貸家建付地	○県○市○町○丁目○番地	21,608,986	相続花子	
土地	宅地	貸家建付地	○県○市○町○丁目○番地	17,500,000	相続花子	相続一郎
家屋		自用家屋	○県○市○町○丁目○番地	3,610,000	相続花子	
家屋		貸家	○県○市○町○丁目○番地	2,520,300	相続花子	
家屋		貸家	○県○市○町○丁目○番地	1,904,000	相続花子	相続一郎
有価証券	株式・出資 (特定会社以外)	○○物産		440,000	相続一郎	
有価証券	株式・出資 (特定会社以外)	○○不動産		499,500	相続一郎	
有価証券	株式・出資 (特定会社以外)	○○倉庫		165,000	相続二郎	
有価証券	受益証券	○○証券/○○支店	○○証券/○○支店	10,000,000	相続一郎	

種類	細目	利用区分	所在地など	価額	取得者	取得者
現金・預貯金		現金		10,000	相続花子	
現金・預貯金		通常貯金	○○銀行/○○支店	1,870,000	相続一郎	
現金・預貯金		普通預金	○○銀行/○○支店	1,200,000	相続花子	
現金・預貯金		普通預金		1,200,000	相続一郎	
現金・預貯金		定期預金		1,000,000	法務春子	
現金・預貯金		定期預金		1,000,000	相続二郎	
現金・預貯金		定期預金		25,000,000	相続一郎	
家庭用財産		家財一式		100,000	相続花子	
家庭用財産		自動車		600,000	相続一郎	
その他の財産	退職金	株式会社○○		10,000,000	相続花子	
その他の財産	生命保険金	○○生命保険		5,700,000	相続花子	
その他の財産	生命保険金	○○生命保険		2,040,000	相続一郎	
その他の財産	生命保険金	○○生命保険		1,600,000	相続二郎	
その他の財産	生命保険金	○○生命保険		1,800,000	相続一郎	
その他の財産		ゴルフ会員権		1,200,000	相続一郎	

■生前贈与

贈与方法	細目	贈与年月日	価額	相続人
相続時精算課税	現金・預貯金	2015/10/1	18,000,000	相続一郎
暦年課税	現金・預貯金	2017/3/3	1,600,000	法務春子
暦年課税	現金・預貯金	2018/7/9	500,000	相続二郎

■債務・葬式費用

種類	利用区分	所在地など	価額	相続人
公租公課	令和●年度分固定資産税	○県○市○町○丁目○番地	93,000	相続花子
公租公課	令和●年度分住民税	○県○市○町○丁目○番地	52,000	相続花子
葬儀費用	○○葬儀社	○県○市○町○丁目○番地	913,000	相続花子

申告書を作成していく

ソフトを使う場合　相続人・被相続人情報を入力

ソフトを使う場合は、まず、相続人と被相続人の情報を入力しましょう。

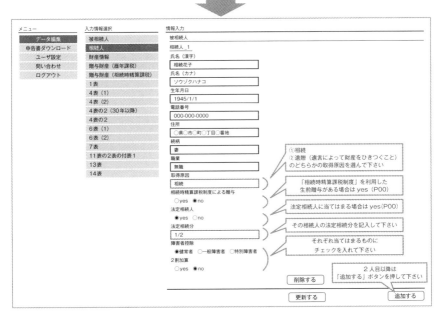

STEP1　各種明細書の作成

　財産の明細を「第11表」に記入する前に、各種明細書を作成します。
　生命保険金がある場合は「第9表」、退職金がある場合は「第10表」、小規模宅地の特例を受ける土地がある場合は、「第11・11の2表の付表1」、贈与があった場合は「第14表」と「第4表の2」、相続時精算課税制度を利用している場合は「第11の2表」を記入します。
　第11表で財産目録を記入する前に、生命保険金など非課税枠や特例を利用することによって差し引かれる金額を計算しておく必要があります。

相続税の申告書	帳表名
第9表	生命保険金などの明細書
第10表	退職手当金などの明細書
第11・11の2表の付表1	小規模宅地等についての課税価格の計算明細書
第14表	純資産価額に加算される暦年課税分の贈与財産価額（略）の明細書
第4表の2	暦年課税分の贈与税額控除額の計算書
第11の2表	相続時精算課税適用財産の明細書・相続時精算課税分の贈与税額控除額の計算書

※作成する順で記載

① 第9表の作成

■死亡保険金の非課税枠

被相続人が保険料を払い、掛けていた生命保険金や損害保険金は、500万円×法定相続人の数が非課税となります。それぞれの保険金に対してではなく、受け取った保険金をすべて足し合わせた金額から控除額を引きます。

保険金を受け取る際には、保険会社より支払通知書が発行されますので、その金額をもとに計算するとよいでしょう。

■生命保険金のポイント

（1）適用されるのは相続人のみ

相続人以外の人が死亡保険金を取得した場合、控除を受けることはできません。

（2）保険金を受け取った相続人が複数いて、控除額以上に保険金が支払われた場合の控除額の割り振り

保険金は、受取人が複数いたり、それぞれの受け取り金額が違うということはよくある話です。その際、控除額の割り振りに注意しなければいけません。

たとえば、相続人が2人で、保険金は1人に1,500万円、もう1人に500万円、合計2,000万円支払われたとします。非課税額は、500万円×2人＝1,000万円ですので、2,000万円−1,000万円＝1,000万円を申告書に計上します。

この場合、2人の受け取った保険金から均等に500万円ずつ控除されるかというと、そうではありません。受け取った保険金の各人の割合と、非課税額の割合は同じになりますので、受け取った保険金の額が自分の分の非課税枠内（500万円以内）だと勘違いして、自分は申告の際に関係ないと思ってはいけません。

この例でいうと、受け取った保険金の合計額2,000万円の内訳が1,500万円と500万円で割合は3対1の関係です。控除額も3対1の関係になりますので、控除額1,000万円のうち、1,500万円の保険金を受け取った人は750万円の控除、500万円受け取った人は250万円の控除となります。

■**財産分割に保険金は利用できない**

　保険金は分割することができません。たとえば、相続人の1人が保険金を1,000万円受け取り、他の相続人から「1人だけずるい。均等に分けよう」といわれ、提案のままに分けると、贈与税がかかります。

　保険金というのは、あくまでも保険会社との契約により支払われるお金ですので、相続財産ではありません。そのため、遺産分割の対象にはならないのです。知らずに、遺産分割協議書に「保険金を分けます」という旨を書いてしまうと、相続税の申告後、「保険金を分けたのですか。では贈与課税ですね」といらない税金がかかってきてしまいます。保険金は分ける対象にはせず、別途代償金という形で、別の財産で分けましょう。保険金を調整に利用してはいけません。

■**第9表の記入方法**

（1）記入例（P142）を参考に、必要事項を埋めます。
（2）生命保険金の非課税枠は500万円×法定相続人の数です。法定相続人の数は、第2表のⒶを転記してください。非課税分を差し引いた課税金額は、第11表に転記してください。

POINT　第11表への転記

　第9表の生命保険金と、第10表の退職金の課税金額を第11表に転記する際は、利用区分、銘柄、所在場所等の記入は必要ありません。非課税枠を適用した後の金額を転記するので、特に複数の生命保険がある場合は、利用区分をどれか一つだけ選んで記入することができないのです。ですから、生命保険金及び退職金を第11表に転記する場合は、「種類」「細目」「価額」「取得した人の氏名」以外は空欄で構いません。

ソフトを使う場合　第9表を作成するための情報を入力

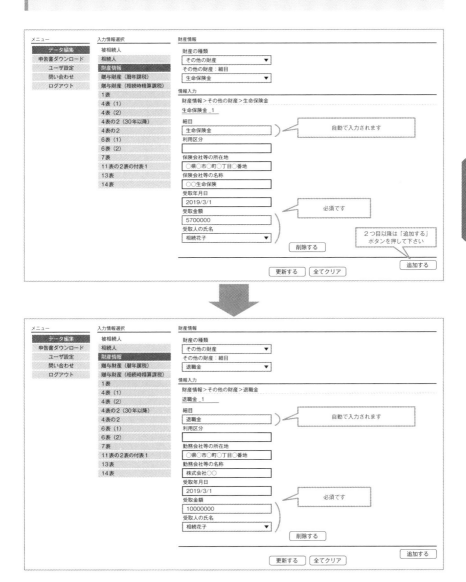

■第9表の記入例

生命保険金などの明細書

被相続人　相続太郎

第9表（平成21年4月分以降用）

1 相続や遺贈によって取得したものとみなされる保険金など

この表は、相続人やその他の人が被相続人から相続や遺贈によって取得したものとみなされる生命保険金、損害保険契約の死亡保険金及び特定の生命共済金などを受け取った場合に、その受取金額などを記入します。

保険会社等の所在地	保険会社等の名称	受取年月日	受取金額	受取人の氏名
○県○市○町○丁目○番地	○○生命保険	31・3・1	5,700,000円	相続花子
○県○市○町○丁目○番地	○○生命保険	31・3・1	2,040,000	相続一郎
○県○市○町○丁目○番地	○○生命保険	31・3・1	1,600,000	相続二郎
		・・		
		・・		

（注）1 相続人（相続の放棄をした人を除きます。以下同じです。）が受け取った保険金などのうち一定の金額は非課税となりますので、その人は、次の2のその該当欄に非課税となる金額と課税される金額とを記入します。
　　　2 相続人以外の人が受け取った保険金などについては、非課税となる金額はありませんので、その人は、その受け取った金額そのままを第11表の「財産の明細」の「価額」の欄に転記します。
　　　3 相続時精算課税適用財産は含まれません。

2 課税される金額の計算

この表は、被相続人の死亡によって相続人が生命保険金などを受け取った場合に、記入します。

保険金の非課税限度額	（500万円× [第2表の㊀の法定相続人の数] 4 人 により計算した金額を右の㊀に記入します。）	㊀ 20,000,000 円

保険金などを受け取った相続人の氏名	① 受け取った保険金などの金額	② 非課税金額 （㊀× 各人の①／㊁）	③ 課税金額 （①－②）
相続花子	5,700,000円	5,700,000円	0円
相続一郎	2,040,000	2,040,000	0
相続二郎	1,600,000	1,600,000	0
合　計	㊁ 9,340,000		

③欄の金額を第11表の「財産の明細」の「価額」欄に転記します。

（注）1 ㊁の金額が㊀の金額より少ないときは、各相続人の①の金額がそのまま②欄の非課税金額となりますので、③欄の課税金額は0となります。
　　　2 ③欄の金額を第11表の「財産の明細」の「価額」欄に転記します。

第9表（平28.7）　　　　　　　　　　　　　　　　　　　　　　　　　　　（資4－20－10－A4統一）

② 第10表の作成

■死亡退職金の非課税枠
　退職金にも非課税枠があり、保険金と同じく、500万円×法定相続人の数が控除額となります。
　保険金と違うのは、退職金は被相続人が受け取るものなので、受取人が1人であることです。会社から被相続人宛に支払われ、それを相続人たちが遺産分割協議を経て、どう分けるか決めます。

■死亡退職金のポイント
　相続人以外の人が死亡退職金を取得した場合、控除を受けることはできません。

■第10表の記入方法
　第10表も、第9表の生命保険金と同じように記入をしていけば、さほど難しくなく作成することができます。
　ソフトを使って作成する場合も、第9表と同じように入力してください。財産の種類は「その他の財産」、細目は「退職金」を選択してください。

■第10表の記入例

退職手当金などの明細書

被相続人：相続太郎

第10表（平成21年4月分以降用）

1 相続や遺贈によって取得したものとみなされる退職手当金など

この表は、相続人やその他の人が被相続人から相続や遺贈によって取得したものとみなされる退職手当金、功労金、退職給付金などを受け取った場合に、その受取金額などを記入します。

勤務先会社等の所在地	勤務先会社等の名称	受取年月日	退職手当金などの名称	受取金額	受取人の氏名
○県○市○町○丁目○番地	株式会社○○	31・3・1	退職金	10,000,000円	相続花子
		・・			
		・・			
		・・			
		・・			

（注）1 相続人（相続の放棄をした人を除きます。以下同じです。）が受け取った退職手当金などのうち一定の金額は非課税となりますので、その人は、次の2の該当欄に非課税となる金額と課税される金額とを記入します。
　　　2 相続人以外の人が受け取った退職手当金などについては、非課税となる金額はありませんので、その人は、その受け取った金額そのままを第11表の「財産の明細」の「価額」欄に転記します。

2 課税される金額の計算

この表は、被相続人の死亡によって相続人が退職手当金などを受け取った場合に、記入します。

退職手当金などの非課税限度額	〔第2表のⓐの法定相続人の数〕 （500万円× 4人 により計算した金額を右のⒶに記入します。）		Ⓐ 20,000,000円

退職手当金などを受け取った相続人の氏名	① 受け取った退職手当金などの金額	② 非課税金額 （Ⓐ× 各人の①／Ⓑ）	③ 課税金額 （①-②）
相続花子	10,000,000円	10,000,000円	0円
合　計	Ⓑ 10,000,000		

③欄の金額を第11表の「財産の明細」の「価額」欄に転記します。

（注）1 Ⓑの金額がⒶの金額より少ないときは、各相続人の①欄の金額がそのまま②欄の非課税金額となりますので、③欄の課税金額は0となります。
　　　2 ③欄の金額を第11表の「財産の明細」の「価額」欄に転記します。

第10表（平28.7） （資4-20-11-A4統一）

③ 第11・11の2表の付表1の作成

■小規模宅地等の特例とは

　小規模宅地等の特例は、定められた要件を満たすような土地を相続した際に、使える特例です。相続人のその後の生活が困窮するのを防ぐための特例で、この特例を使えば土地の評価額を50％、もしくは80％も減額することができます。配偶者控除の次に大きな控除です。

　小規模宅地等の特例を利用するためにはさまざまな条件がありますので、まずは適用できるかどうかの確認が必要です。適用できるかどうか判断に悩むときには専門家に相談しましょう。申告する際には、必須の書類が指定されていますので、書類の添付を忘れないでください。

　また、特例の対象となる土地が複数ある場合には、相続人同士で話し合ってどの土地を適用対象にするかを決め、同意を得る必要があります。

■小規模宅地等の特例の種類

区分	用途	限度面積	減額割合
特定居住用宅地等	被相続人が自宅として使用していた土地	330平方メートルまで	80%
特定事業用宅地等	被相続人が飲食店などの事業用に使用していた土地	400平方メートルまで	80%
貸付事業用宅地等	被相続人が人に貸していた土地	200平方メートルまで	50%

■取得者ごとの要件

取得するのが配偶者の場合は、難しい条件等はほぼなく、適用が認められやすい傾向にあります。しかし、子ども等、他の親族の場合は、条件等確認事項がたくさんあります。

区分	取得者	要件
特定居住用宅地等	配偶者	要件なし
	同居親族	申告期限までその建物に居住し、かつ、その宅地等を有していること
	別居親族	・被相続人に配偶者と同居親族がいないこと ・被相続人が亡くなる前3年間、日本国内にある取得者又は取得者の配偶者、取得者の三親等内の親族又は取得者と特別の関係がある一定の法人が所有する家屋に居住したことがないこと ・申告期限までその宅地等を有していること
特定事業用宅地等	親族	その宅地等の上で営まれていた事業を引き継いで営み、かつ申告期限まで宅地等を有していること
貸付事業用宅地等	親族	その宅地等の上で営まれていた事業を引き継いで営み、かつ申告期限まで宅地等を有していること

■特定居住用宅地等のポイント

(1) 一緒に住んでいたかどうかが重要

同居して生計を一にしていたのであれば、特例を適用できます。

同居していない場合は、持ち家がない（いわゆる家なき子）のかどうか、が重要です。つまり、賃貸マンションなどで暮らしていたが、被相続人が亡くなったため実家に帰ることになった、という例などが挙げられます。賃貸は確定した住居ではないと判断されますが、購入した家がある場合は持ち家があると判断されます。

(2) 被相続人が老人ホームに入っていた場合

　被相続人が老人ホームに入っていた場合、要介護認定証の介護保険証のコピーと入居契約書の写しが必要です。要介護認定を受けないで、単純に老人ホームに入りましたということであれば、老人ホームに引っ越しただけという形になり、特例は適用されません。要介護認定を受けてさえいれば、老人ホームに入らざるを得ない状況だったということで、適用が可能になります。

(3) 二世帯住宅の場合

　二世帯住宅の場合、例えば1階と2階とで住居空間が分かれていても、同居親族と見なされるので特例を適用することができます。しかし、玄関や中の構造が完全に分かれていて、区分登記されている場合など、適用されないケースがあります。

(4) 申告期限まで状態が継続するかどうか

　申告期限までは、特定居住用なら「実際に住んでいる」、特定事業用なら「その事業を継続している」、貸付事業用なら「継続して貸している」必要があります。引っ越していたり、事業をやめていたり、売っても生活に支障がないと見なされれば、この特例は適用されません。小規模宅地等の特例が使えるかどうかを考えるときには、そもそもの立法趣旨から考えると判断しやすいでしょう。

■貸付事業用宅地等のポイント

　特定居住用宅地等と特定事業用宅地等は併用することができ、単純に330平方メートルと400平方メートルの合計730平方メートルまでを特例の対象とすることができます。

　しかし、貸付事業用宅地等を含めるとなると、合計で200平方メートルまでしか対象とすることができなくなります。

例の適用を選択する宅地等	限度面積
特定事業用等宅地等（①）＋特定居住用宅地等（②）	①＋②≦合計730平方メートル
①・②＋貸付事業用宅地等（③）	（①×200/400）＋（②×200/330）＋③ ≦200平方メートル

■第11・11の2表の付表1の記入方法
（1）小規模宅地等の特例の適用には、特例の対象となる宅地を相続した全ての人が同意していないと適用できません。（1）に同意した全ての人の氏名を記入します。
（2）適用したい小規模宅地等の特例を1〜4のうちから選択します。
　　1：特定居住用宅地等
　　2：特定事業用宅地等
　　3：特定同族会社事業用宅地等（本書では解説なし）
　　4：貸付事業用宅地等
　　今回の記入例では、特定居住用を適用するため、1を選択します。
（3）記入例を参考に、必要な情報を記入していきます。ここに記入する情報は、第3章で作成した「土地及び土地の上に存する権利の評価明細書」を参考にします。また、土地の一部を相続し、その持分に特例を適用する場合は、③「取得者の持分に応ずる宅地等の面積」、④「取得者の持分に応ずる宅地等の価額」に、持分をかけた数字を記入して下さい。
（4）⑤「③のうち小規模宅地等（「限度面積要件」を満たす宅地等）の面積」に、適用を受ける土地の面積を記入します。限度面積以下なら③の面積をそのまま転記します。限度面積を超える場合は限度面積を記入します。
（5）申告書の記載通りに⑥⑦⑧を計算し、記入します。
　　記入例
　　　（宅地等の価額）　　（小規模宅地等の価額の算出）
　　⑥：45,500,000円×165.00/165.00（=1）=45,500,000円

　　　　　　（⑥）　　　　（減額割合）
　　⑦：45,500,000円×80/100=36,400,000円

　　　　（宅地等の価額）　　　　（⑦）
　　⑧：45,500,000円－36,400,000=9,100,000円

（6）以下の場合は第11・11の2表の付表1（別表）を作成します。
　　・土地を他の相続人と共有で相続した
　　・賃貸アパート等、貸付しているが貸付割合が100%でない土地を相続した
　　※ソフトでは機能の範囲外です。

ソフトを使う場合　第11・11の2表の付表1を作成するための情報を入力

先に土地の情報が入力されていることを確認してください。

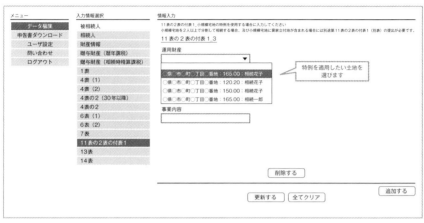

■第11・11の2表の付表1の記入例

小規模宅地等についての課税価格の計算明細書

FD3545

被相続人 相続太郎

この表は、小規模宅地等の特例（租税特別措置法第69条の4第1項）の適用を受ける場合に記入します。
なお、被相続人から、相続、遺贈又は相続時精算課税に係る贈与により取得した財産のうちに、「特定計画山林の特例」又は「特定事業用資産の特例」の対象となり得る財産がある場合には、第11・11の2表の付表2を作成します（第11・11の2表の付表2を作成する場合には、この表の「1 特例の適用にあたっての同意」欄の記入を要します。）。

1 特例の適用にあたっての同意

この欄は、小規模宅地等の特例の対象となり得る宅地等を取得した人が次の内容に同意する場合に、その宅地等を取得した全ての人の氏名を記入します。

私(私たち)は、「2 小規模宅地等の明細」の①欄の取得者が、小規模宅地等の特例の適用を受けるものとして選択した宅地等又はその一部（「2 小規模宅地等の明細」の⑤欄で選択した宅地等）の全てが限度面積要件を満たすものであることを確認の上、その取得者が小規模宅地等の(1)例の適用を受けることに同意します。

氏名	相続花子			

（注）1 小規模宅地等の特例の対象となり得る宅地等を取得した全ての人の同意がなければ、この特例の適用を受けることはできません。
2 上記の各欄に記入しきれない場合は、第11・11の2表の付表1（続）を使用します。

2 小規模宅地等の明細

この欄は、小規模宅地等についての特例の対象となり得る宅地等を取得した人のうち、その特例の適用を受ける人が選択した小規模宅地等の明細等を記載し、相続税の課税価格に算入する価額を計算します。

「小規模宅地等の種類」欄は、選択した小規模宅地等の種類に応じて次の1～4の番号を記入します。
小規模宅地等の種類：1 特定居住用宅地等、2 特定事業用宅地等、3 特定同族会社事業用宅地等、4 貸付事業用宅地等

選択した小規模宅地等

小規模宅地等の種類 1～4の番号	① 特例の適用を受ける取得者の氏名〔事業内容〕	⑤ ①のうち小規模宅地等（限度面積要件）を満たすもの）の面積
	② 所在地番	⑥ ④のうち小規模宅地等（④×⑨/⑩）の価額
	③ 取得者の持分に応ずる宅地等の面積	⑦ 課税価格の計算に当たって減額される金額（⑥×⑨）
	④ 取得者の持分に応ずる宅地等の価額	⑧ 課税価格に算入する価額（④－⑦）

1	① 相続花子	④ 165.00 ㎡
	② ○県○市○町○丁目○番地	⑤ 45,500,000 円
	③ 165.00 ㎡	⑦ 36,400,000 円
	④ 45,500,000 円	⑧ 9,100,000 円

4	① 相続花子 〔貸家〕	④ 100.00 ㎡
	② ○県○市○町○丁目○番地	⑤ 30,782,029 円
	③ 120.00 ㎡	⑦ 15,391,014 円
	④ 37,000,000 円	⑧ 21,608,986 円

⑧欄の金額を第11表の「財産の明細」の「価額」欄に転記します

（注）1 ①欄の〔 〕は、選択した小規模宅地等が被相続人等の事業用宅地等（2、3又は4）である場合に、相続開始の直前においてその宅地等の上で行われていた被相続人等の事業について、例えば、飲食サービス業、法律事務所、貸家などのように具体的に記入します。
2 小規模宅地等を選択する一の宅地等が共有である場合又は一の宅地等が貸家建付地である場合において、その評価額の計算上「賃貸割合」が1でないときには、第11・11の2表の付表1（別表）を作成します。
3 ⑧欄の金額を第11表の「財産の明細」の「価額」欄に転記します。
4 上記の各欄に記入しきれない場合は、第11・11の2表の付表1（続）を使用します。

○「限度面積要件」の判定

上記「2 小規模宅地等の明細」の⑤欄で選択した宅地等の全てが限度面積要件を満たすものであることを、この表の各欄を記入することにより判定します。

小規模宅地等の区分	被相続人等の居住用宅地等	被相続人等の事業用宅地等		
小規模宅地等の種類	1 特定居住用宅地等	2 特定事業用宅地等	3 特定同族会社事業用宅地等	4 貸付事業用宅地等
⑨ 減額割合	80/100	80/100	80/100	50/100
⑩ ⑤の小規模宅地等の面積の合計	165 ㎡	㎡	㎡	100 ㎡

限度面積
イ 小規模宅地等のうちに4貸付事業用宅地等がない場合
　①の⑩の面積 ≦330㎡
　[2]の⑩及び[3]の⑩の面積の合計 ㎡ ≦ 400㎡

ロ 小規模宅地等のうちに4貸付事業用宅地等がある場合
　[1]の⑩の面積 165 ㎡×200/330 + [2]の⑩及び[3]の⑩の面積 ㎡×200/400 + [4]の⑩の面積 100 ㎡ ≦ 200㎡

（注）限度面積は、小規模宅地等の種類（[4]貸付事業用宅地等の選択の有無）に応じて、⑪欄（イ又はロ）により判定を行います。「限度面積要件」を満たす場合に限り、この特例の適用を受けることができます。

第11・11の2表の付表1（平成28.7）

④ 第14表の作成

■3年以内の贈与に係る相続財産への持ち戻し

相続開始日（亡くなった日）からさかのぼって3年以内に、被相続人から何らかの財産を贈与されていた場合、その財産は相続財産に持ち戻され、相続税がかかります。

財産を持ち戻す必要があるのは、相続時に相続財産の取得があった人のみです。たとえ相続人であっても、財産放棄などして財産を受け取らなかった人は対象となりません。

逆に、第三者や孫などの相続人以外の人でも、遺言で財産を相続したり、保険金の受取人となっていた場合は、持ち戻しの対象となります。

一般的に贈与は財産を減らすために行われます。もし、亡くなる直前に財産を贈与して、一切相続税が課税されないとなったら、きちんと相続税を納めている人との間に不公平感が生まれます。税務署は、不当な節税、いわゆる脱税に近いような節税に関しては、しっかりと網を張っていると心得ましょう。

■第14表の記入方法

（1）記入例（P154）を参考に、必要事項を埋めます。
（2）④「金額」欄に、贈与を受けた人ごとの③「相続税の課税価格に加算される価額」を記入します。記入後、（各人の合計）欄に④の合計金額を記入します。
（3）以下の場合は下段を記入していきます。
　　・出資持分の定めのない法人などに遺贈した場合：2
　　・特定の公益法人などに遺産を寄付した場合：3

ソフトを使う場合　第14表を作成するための情報を入力

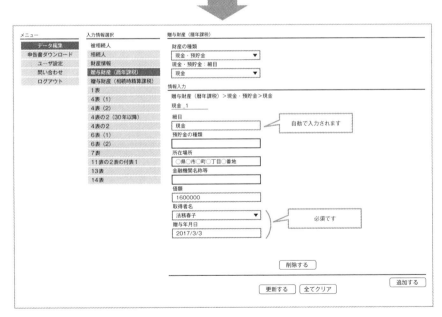

■第14表の記入例

純資産価額に加算される暦年課税分の贈与財産価額及び特定贈与財産価額 出資持分の定めのない法人などに遺贈した財産 特定の公益法人などに寄附した相続財産・特定公益信託のために支出した相続財産 の明細書

被相続人　相続太郎

第14表（平成30年分以降用）

1　純資産価額に加算される暦年課税分の贈与財産価額及び特定贈与財産価額の明細

この表は、相続、遺贈や相続時精算課税に係る贈与によって財産を取得した人(注)が、その相続開始前3年以内に被相続人から暦年課税に係る贈与によって取得した財産がある場合に記入します。

(注)　被相続人から相続税特別措置法第70条の2の3(直系尊属から結婚・子育て資金の一括贈与を受けた場合の贈与税の非課税)第10項第2号に規定する管理残額以外の財産を取得しなかった人は除きます(相続時精算課税に係る贈与によって財産を取得している人を除く。)。

番号	贈与を受けた人の氏名	贈与年月日	相続開始前3年以内に暦年課税に係る贈与を受けた財産の明細					②の価額のうち特定贈与財産の価額	相続税の課税価格に加算される価額(①−②)
			種類	細目	所在場所等	数量	①価額		
(1) 1	法務春子	29・3・3	現金・預貯金	現金	○県○市○町○丁目○番地		1,600,000		1,600,000
2	相続二郎	30・7・9	現金・預貯金	現金	○県○市○町○丁目○番地		500,000		500,000
3									
4									

(2)

贈与を受けた人ごとの③欄の合計額	氏名	(各人の合計)	法務春子	相続二郎		
	④金額	2,100,000 円	1,600,000 円	500,000 円	円	円

上記「(2)」欄において、相続開始の年に被相続人から贈与によって取得した居住用不動産や金銭の全部又は一部を特定贈与財産としている場合には、次の事項について、「(受贈配偶者)」及び「(受贈財産の番号)」の欄に所定の記入をすることにより確認します。

(受贈配偶者)　　　　　　　　　　　　　　　(受贈財産の番号)

私□□□□は、相続開始の年に被相続人から贈与によって取得した上記□の特定贈与財産の価額については贈与税の課税価格に算入します。

なお、私は、相続開始の年の前年以前に被相続人からの贈与について相続税法第21条の6第1項の規定の適用を受けていません。

(注)　④欄の金額を第1表のその人の「純資産価額に加算される暦年課税分の贈与財産価額⑤」欄及び第15表の⑤欄にそれぞれ転記します。

2　出資持分の定めのない法人などに遺贈した財産の明細

この表は、被相続人が人格のない社団又は財団や学校法人、社会福祉法人、宗教法人などの出資持分の定めのない法人に遺贈した財産のうち、相続税がかからないものの明細を記入します。

遺贈した財産の明細						出資持分の定めのない法人などの所在地、名称
種類	細目	所在場所等	数量	価額		
				円		
		合計		0		

3　特定の公益法人などに寄附した相続財産又は特定公益信託のために支出した相続財産の明細

私は、下記に掲げる相続財産を、相続税の申告期限までに、

(1) 国、地方公共団体又は租税特別措置法施行令第40条の3に規定する法人に対して寄附(租税特別措置法施行令の一部を改正する政令(平成20年政令第161号)附則第57条第1項の規定により、なおその効力を有することとされる租税特別措置法施行令第40条の3第1項第2号及び第3号に規定する法人に対する寄附を含みます。)をしましたので、租税特別措置法第70条第1項の規定の適用を受けます。

(2) 租税特別措置法施行令第40条の4第3項の要件に該当する特定公益信託の信託財産とするために支出しましたので、租税特別措置法第70条第3項の規定の適用を受けます。

(3) 特定非営利活動促進法第2条第3項に規定する認定特定非営利活動法人に対して寄附をしましたので、租税特別措置法第70条第10項の規定の適用を受けます。

寄附(支出)年月日	寄附(支出)した財産の明細					公益法人等の所在地・名称(公益信託の受託者及び名称)	寄附(支出)をした相続人等の氏名
	種類	細目	所在場所等	数量	価額		
・・					円		
・・							
			合計				

(注)　この特例の適用を受ける場合には、期限内申告書に一定の受領書、証明書類等の添付が必要です。

⑤ 第4表の2の作成

■贈与税の控除について

すでに説明した通り、相続開始日からさかのぼって3年以内に贈与された財産は、相続財産に持ち戻されます。もし、贈与されたその時点で贈与税を支払っていた場合には、支払った贈与税分を相続税から差し引くことができます。これを贈与税控除といい、税金の二重課税を防ぐための措置として設定されています。基礎控除額以下（110万円以下／年）で済んでいた場合や、計算した結果、相続税が0円だった場合は納めた贈与税は戻ってきません。

■贈与税の控除のポイント

相続税が0円でも、贈与税が戻ってくるケースがあります。
「贈与税の計算が間違っていたケース」と、「相続時精算課税制度を利用していたケース」です。相続時精算課税制度とは、生前贈与の際に2,500万円まで非課税となる制度です。2,500万円を超えた分には贈与税がかかり、その後相続時には、贈与財産と相続財産を合計した価額を基に計算した相続税額から、既に支払った贈与税額を精算する必要があります。

■第4表の2の記入方法

（1）記入例（P157）を参考に、必要事項を埋めます。
　　記入例

（その年分の贈与税額）（⑩÷⑨）
　⑫：**50,000円×1,600,000/1,600,000（=1）=50,000円**

（2）特例贈与財産を取得した場合は、記入例のように上段に記入します。一般贈与財産を取得した場合は下段に記入します。特例贈与財産とは、いわゆる「おしどり贈与」のことです。「おしどり贈与」とは、婚姻期間が20年以上の夫婦間での贈与の場合、最高2,000万円までの配偶者控除を受けられるという制度です。この制度を使って贈与された財産は、相続開始からさかのぼって3年以内であっても、相続財産に持ち戻されることはありません。

ソフトを使う場合　第4表の2を作成するための情報を入力

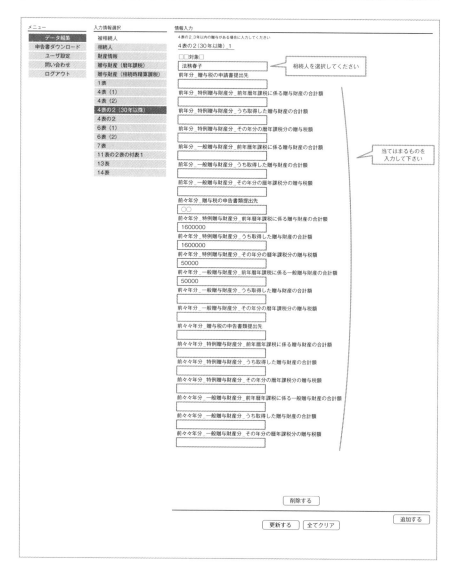

■第4表の2の記入例

第4表の2（平成30年分用）

暦年課税分の贈与税額控除額の計算書　被相続人　相続太郎

この表は、第11表の「1 純資産価額に加算される暦年課税分の贈与財産価額及び特定贈与財産価額の明細」欄に記入した財産のうち相続税の課税価格に加算されるものについて、贈与税が課税されている場合に記入します。

控除を受ける人の氏名：法務春子

（平成28年分の該当欄に記載）
- ⑬ 1,600,000
- ⑭ 1,600,000
- ⑮ 50,000
- ⑯ 50,000

各人の㉕欄の金額を第1表のその人の「暦年課税分の贈与税額控除額⑫」欄に転記します。

㉕ 50,000

⑥ 第11の2表の作成

■相続時精算課税制度について

相続時精算課税制度とは、比較的額の大きな財産の生前贈与を目的とした制度です。しかし、ここで非課税になった分の財産には、贈与者が亡くなって相続が発生した時点で、代わりに相続税が課税されます。

控除額は2,500万円までと非常に高額で、2,500万円を超える分には、一律20％の贈与税がかけられます。その贈与税は、相続時に相続税額から差し引かれ、相続税額が0円だったり、贈与税額よりも少ない場合には、その差額が還付されます。

一度相続時精算課税制度を選択してしまうと、暦年課税制度に戻すことはできません。

相続時精算課税制度を利用するかどうかは、贈与する人ごとに選択することができます。たとえば、父は相続時精算課税制度で子に贈与をし、母は暦年課税で子に贈与することも可能です。この場合の控除額は、父が全部で2,500万円まで、母が年間110万円までです。

■第11の2表の記入方法

（1）記入例（P160）を参考に、必要事項を埋めます。もし贈与税を支払っている場合はⅠの⑤「④の財産に係る贈与税額」に、外国税控除の適用がある場合はⅠの⑥「⑤のうち贈与税額に係る外国税額控除額」に、それぞれ金額を記入します。

（2）⑦⑧⑨に、贈与を受けた人ごとのⅠの④、Ⅰの⑤、Ⅰの⑥の金額をそれぞれ記入後、（各人の合計）欄にそれぞれの合計金額を記入します。

（3）（1）で記入した贈与についての明細を記入します。

ソフトを使う場合　第11の2表を作成するための情報を入力

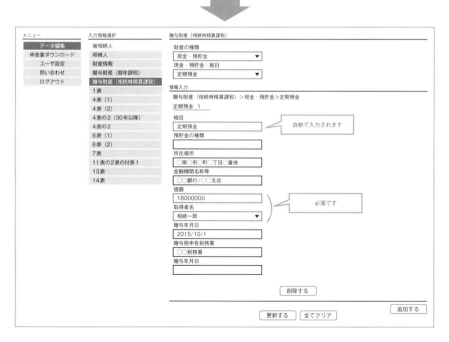

■第11の2表の記入例

相続時精算課税適用財産の明細書
相続時精算課税分の贈与税額控除額の計算書

被相続人　相続太郎

第11の2表(平成24年4月分以降用)

この表は、被相続人から相続時精算課税に係る贈与によって取得した財産(相続時精算課税適用財産)がある場合に記入します。

1　相続税の課税価格に加算する相続時精算課税適用財産の課税価格及び納付すべき相続税額から控除すべき贈与税額の明細

番号	① 贈与を受けた人の氏名	② 贈与を受けた年分	③ 贈与税の申告書を提出した税務署の名称	④ その年分に被相続人から受けた相続時精算課税に係る贈与の合計額(課税価格)	⑤ ④の財産に係る贈与税額(贈与税の外国税額控除前の金額)	⑥ ⑤のうち贈与税額に係る外国税額控除額
(1) 1	相続一郎	平成27年分	○○税務署	18,000,000円	円	円
2						
3						
4						
5						
6						

(2) 贈与を受けた人ごとの相続時精算課税適用財産の課税価格及び贈与税額の合計額

	氏名	(各人の合計)				
	⑦ 課税価格の合計額(④の合計額)	18,000,000円	18,000,000円	円	円	円
	⑧ 贈与税額の合計額(⑤の合計額)					
	⑨ ⑧のうち贈与税額に係る外国税額控除額の合計額(⑥の合計額)					

(注)　1　相続時精算課税に係る贈与をした被相続人がその贈与をした年の中途に死亡した場合の③欄は「相続時精算課税選択届出書を提出した税務署の名称」を記入してください。
　　　2　④欄の金額は、下記2の③の「価額」欄の金額に基づき記入します。
　　　3　各人の⑦の金額を第1表のその人の「相続時精算課税適用財産の価額②」欄及び第15表のその人の㉘欄にそれぞれ転記します。
　　　4　各人の⑧欄の金額を第1表のその人の「相続時精算課税分の贈与税額控除額⑳」欄に転記します。

2　相続時精算課税適用財産(1の④)の明細
(上記1の「番号」欄の番号に合わせて記入します。)

番号	① 贈与を受けた人の氏名	② 贈与年月日	③ 相続時精算課税適用財産の明細				
			種類	細目	利用区分、銘柄等	所在場所等	数量	価額
(3) 1	相続一郎	27・10・1	現金・預貯金	定期預金		○○銀行／○○支店		18,000,000円

(注)　1　この明細は、被相続人である特定贈与者に係る贈与税の申告書第2表に基づき記入します。
　　　2　③の「価額」欄には、被相続人である特定贈与者に係る贈与税の申告書第2表の「財産の価額」欄の金額を記入します。ただし、特定事業用資産の特例の適用を受ける場合には、第11の2表の付表1の⑦欄の金額と⑧欄の金額に係る第11の2表の付表3の②欄の金額の合計額を、特定計画山林の特例の適用を受ける場合には、第11の2表の付表4の「2　特定受贈森林経営計画対象山林である選択特定計画山林の明細」の④欄の金額を記入します。

STEP2　第11表の作成

　第11表は財産目録です。第3章で評価した財産を記入していきましょう。なお、債務や葬式費用などのマイナスの財産は、ここでは記入しません。また、生命保険金や退職金に関しては、非課税枠からはみ出した分のみ第11表に記入してください。小規模宅地等の特例を適用する場合は、第11・11の2表の付表1で計算した後に、その計算結果を記入します。
　全て記入したら、間違いがないか、今一度、確認をします。
　財産を記載していくにあたって注意すべきは、「大きな金額の財産から記入していく」、ということです。記入順としては、土地、家屋、有価証券、現金・預貯金、その他、といった順がよいでしょう。もし、有価証券と現金を比べ、現金のほうが多いなら、現金を先に記入しましょう。大きな財産の場合、少しの変動が大きなズレとなるため、このような順序で記入していきます。

■第11表の記入方法
（1）遺産分割の状況に応じて該当する区分に〇を付け、「分割の日」を記入します。
（2）第3章で評価した各財産を、1行ずつ記入していきます。「種類」「細目」「利用区分・銘柄等」については、P162を参考にして下さい。
（3）各財産の「細目」ごとに（小計）を、「種類」ごとに（（計））を記入します。
（4）「小規模宅地等の特例の適用」を受けた土地については、記入例のように、「価額」欄に（第11・11の2表の付表1のとおり）と記入し、「第11・11の2表の付表1の1の⑧」の金額を転記します。
（5）共有相続した不動産がある場合には、記入例のように、二段に分けて「共有割合〇/〇」と記入し、それぞれの相続人の「氏名」と「取得財産の価額」を記入します。
（6）「合計表」の欄に、各人が取得した財産の合計額を記入します。

■種類、細目、利用区分・銘柄

申告書第11表の取得した財産の種類、細目、利用区分・銘柄等の記載要項

種類	細目		利用区分・銘柄
土地 （土地の上に存する権利を含みます）	田		自用地、貸付地、賃借権（耕作権）、永小作権の別
	畑		
	宅地		自用地（事業用、居住用、その他）、貸宅地、貸家建付地、借地権（事業用、居住用、その他）などの別
	山林		普通山林、保安林の別（これらの山林の地上権又は賃借権であるときは、その旨）
	その他の土地		原野、牧場、池沼、鉱泉地、雑種地の別（これらの土地の地上権、賃借権、温泉権又は引湯権であるときは、その旨）
家屋	家屋（構造・用途）、構築物		家屋については自用家屋、貸家の別、構築物については駐車場、養魚池、広告塔などの別
事業（農業）用財産	機械、器具、農機具、その他の減価償却資産		機械、器具、農機具、自動車、船舶などについてはその名称と年式、牛馬等についてはその用途と年齢、果樹についてはその樹種と樹齢、営業権についてはその事業の種目と商号など
	商品、製品、半製品、原材料、農産物等		商品、製品、半製品、原材料、農産物等の別に、その合計額を「価額」欄に記入し、それらの明細は、適宜の用紙に記載して添付してください。
	売掛金		
	その他の財産		電話加入権、受取手形、その他その財産の名称。なお、電話加入権については、その加入局と電話番号
有価証券	特定同族会社の株式、出資	配当還元方式によったもの	その銘柄※「特定同族会社」については、下の（注）を参照してください。
		その他の方式によったもの	
	上記以外の株式、出資		
	公債、社債		
	証券投資信託、貸付信託の受益証券		
	現金、預貯金等		現金、普通預金、当座預金、定期預金、通常貯金、定額貯金、定期積金、金銭信託などの別
	家庭用財産		その名称と銘柄
その他の財産（利益）	生命保険金等		
	退職手当金等		
	立木		その樹種と樹齢（保安林であるときは、その旨）
	その他		1　事業に関係のない自動車、特許権、著作権、電話加入権、貸付金、未収配当金、未収家賃、書画・骨とうなどの別 2　自動車についてはその名称と年式、電話加入権についてはその加入局と電話番号、書画・骨とうなどについてはその名称と作者名など 3　相続や遺贈によって取得したものにみなされる財産（生命保険金等及び退職手当金等を除きます）については、その財産（利益）の内容

（注）　**特定同族会社**とは、相続や遺贈によって財産を取得した人及びその親族その他の特別関係者（相続税法施行令第31条第1項に掲げる者をいいます。）の有する株式の数又は出資の金額が、その会社の発行済株式の総数又は出資の総額の50％超を占めている非上場会社をいいます。

ソフトを使う場合　第11表を作成するための情報を入力

以下は土地を入力する場合です

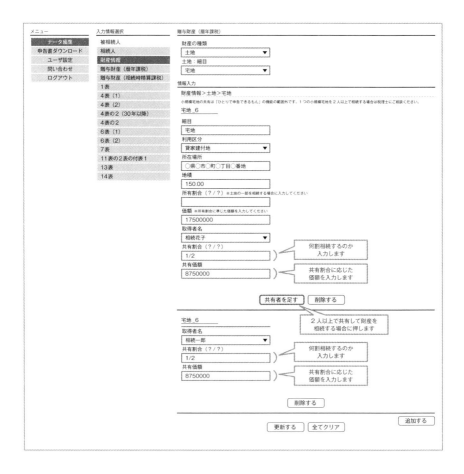

■第11表の記入例

相続税がかかる財産の明細書
（相続時精算課税適用財産を除きます。）

被相続人 相続太郎

第11表（平成21年4月分以降用）

○相続時精算課税適用財産の明細については、この表によらず第11の2表に記載します。

この表は、相続や遺贈によって取得した財産及び相続や遺贈によって取得したものとみなされる財産のうち、相続税のかかるものについての明細を記入します。

遺産の分割状況	区 分	(1) 1 全部分割	2 一部分割	3 全部未分割
	分割の日	31・○・○		

財産の明細							分割が確定した財産	
種類	細目	利用区分、銘柄等	所在場所等	数量 固定資産税評価額	単価 倍数	価額	取得した人の氏名	取得財産の価額
(4)土地	宅地	自用地	○○県○○市○○町○丁目○番地	165.00 （第11-11の2欄の付表1のとおり）		9,100,000 円	相続花子	9,100,000 円
(5)土地	宅地	貸家建付地	○○県○○市○○町○丁目○番地	12020 （第11-11の2表の付表1のとおり）		21,608,986	相続花子	21,608,986
土地	宅地	貸家建付地	○○県○○市○○町○丁目○番地	150.00		17,500,000	相続花子	共有割合：1/2 8,750,000
							相続一郎	共有割合：1/2 8,750,000
((計))						((48,208,986))		
家屋		自用家屋	○○県○○市○○町○丁目○番地	118.00		3,610,000	相続花子	3,610,000
家屋		貸家	○○県○○市○○町○丁目○番地	96.00		2,520,300	相続花子	2,520,300
家屋		貸家	○○県○○市○○町○丁目○番地	124.00		1,904,000	相続花子	共有割合：1/2 952,000
							相続一郎	共有割合：1/2 952,000
((計))						((8,034,300))		
有価証券	株式・出資（特定同族会社以外）	○○物産	○○証券/○支店	200	2200	440,000	相続一郎	440,000
有価証券	株式・出資（特定同族会社以外）	○○不動産	○○証券/○支店	300	1665	499,500	相続一郎	499,500
有価証券	株式・出資（特定同族会社以外）	○○倉庫	○○証券/○支店	100	1650	165,000	相続二郎	165,000
	(小計)					(1,104,500)		
有価証券	受益証券		○○証券/○支店			10,000,000	相続一郎	10,000,000
(3)	(小計)					(10,000,000)		
((計))						((11,104,500))		
現金・預貯金		現金				10,000	相続花子	10,000
現金・預貯金		通常貯金	○○銀行/○支店			1,870,000	相続一郎	1,870,000
現金・預貯金		普通預金	○○銀行/○支店			1,200,000	相続花子	1,200,000

細目ごとの（小計）は第15表で利用します

合計表	財産を取得した人(6)	（各人の合計）	相続花子	相続一郎	法務春子	相続二郎	
	分割財産の価額 ①	102,327,786	47,851,286 円	52,311,500 円	1,000,000 円	1,165,000 円	円
	未分割財産の価額 ②						
	各人の取得財産の価額（①+②）	102,327,786	47,851,286	52,311,500	1,000,000	1,165,000	

(注) 1 「合計表」の各人の③欄の金額を第1表のその人の「取得財産の価額①」欄に転記します。
2 「財産の明細」の「価額」欄は、財産の細目、種類ごとに小計及び計を付し、最後に合計を付して、それらの金額を第15表の①から⑳までの該当欄に転記します。

第11表(平28.7)

■第11表の記入例（続）

相続税がかかる財産の明細書
（相続時精算課税適用財産を除きます。）

第11表（平成21年4月分以降用）

1枚におさまりきらない場合は2枚以上になることがあります

○相続時精算課税適用財産の明細については、この表によらず第11の2表に記載します。

この表は、相続や遺贈によって取得した財産及び相続や遺贈によって取得したものとみなされる財産のうち、相続税のかかるものについての明細を記入します。

遺産の分割状況	区　分	1 全部分割	2 一部分割	3 全部未分割
	分割の日	・　・	・　・	

財産の明細							分割が確定した財産	
種類	細目	利用区分、銘柄等	所在場所等	数量 固定資産税評価額	単価 倍数	価額	取得した人の氏名	取得財産の価額
現金・預貯金	普通預金		○○銀行／○○支店			1,200,000 円	相続一郎	1,200,000 円
現金・預貯金	定期預金		○○信用金庫／○○支店			1,000,000	法務春子	1,000,000
現金・預貯金	定期預金		○○信用金庫／○○支店			1,000,000	相続二郎	1,000,000
現金・預貯金	定期預金		○○信用金庫／○○支店			25,000,000	相続一郎	25,000,000
((計))						((31,280,000))		
家庭用財産		家財一式				100,000	相続花子	100,000
家庭用財産		自動車				600,000	相続一郎	600,000
((計))						((700,000))		
その他の財産	その他（本来）	ゴルフ会員権				1,200,000	相続一郎	1,200,000
	(小計)					(1,200,000)		
その他の財産	その他（みなし財産）	生命保険契約に関する権利	○○生命保険			1,800,000	相続一郎	1,800,000
	(小計)					(1,800,000)		
((計))						((3,000,000))		

合計表	財産を取得した人の氏名	(各人の合計)					
	分割財産の価額 ①	円	円	円	円	円	円
	未分割財産の価額 ②						
	各人の取得財産の価額 ③ (①＋②)						

(注) 1　「合計表」の各人の③欄の金額を第1表のその人の「取得財産の価額①」欄に転記します。
　　 2　「財産の明細」の「価額」欄には、財産の細目、種類ごとに小計及び計を付し、最後に合計を付して、それらの金額を第15表の①から㉗までの該当欄に転記します。

第11表(平28.7)

POINT　代償財産の入力

■代償財産とは

　土地や家屋などの遺産を取得した相続人が、他の相続人へ現金などの「代償財産」を渡す遺産分割方法を、「代償分割」と言います。この代償分割が行われるのは、例えば遺産の大部分を不動産が占めており、公平な分割が難しいようなケース。遺産の多くが現金や預金であれば、平等に法定相続分の割合で分ければよいので簡単です。しかし、土地や家屋のような不動産については、安直に法定相続分で割って共有してしまうと、後々トラブルになりやすいのです。そういった場合に、特定の相続人にその不動産を取得させ、代わりに他の相続人には代償財産という形で遺産を分けるという、この代償分割がよく行われるのです。

　相続税の申告をする上では、何か特別な申告書を提出する必要はありません。第11表と第15表には、代償分割で財産を「渡した」「取得した」という旨を明記する必要があります。

■第11表に代償財産を記入する場合

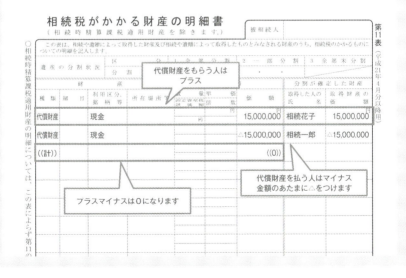

■第15表に代償財産を記入する場合

相続財産の種類別価額表(続) (この表は、第11表から第14表までの記載に基づいて記入します。) FD3538

第15表(続)(平成30年分以降用)

種類	細目	番号	(氏名) 相続一郎	(氏名) 相続花子
土地(土地の上に存する権利を含みます)	田	①		
	畑	②		
	宅地	③	0	0
	山林	④		
	その他の土地	⑤		
	計	⑥		0
	⑥のうち特例農地等	通常価額	⑦		
		農業投資価格による価額	⑧		
家屋、構築物		⑨		
事業(農業)用財産	機械、器具、農耕具、その他の減価償却資産	⑩		
	商品、製品、半製品、原材料、農産物等	⑪		
	売掛金	⑫		
	その他の財産	⑬		
	計	⑭		
有価証券	特定同族会社の株式及び出資	配当還元方式によったもの	⑮		
		その他の方式によったもの	⑯		
	⑮及び⑯以外の株式及び出資	⑰		
	公債及び社債	⑱		
	証券投資信託、貸付信託の受益証券	⑲		
	計	⑳		
現金、預貯金等		㉑		
家庭用財産		㉒		
その他の財産	生命保険金等	㉓		
	退職手当金等	㉔		
	立木	㉕		
	その他	㉖	△15,000,000	15,000,000
	計	㉗	△15,000,000	15,000,000
合計 (⑥+⑨+⑭+⑳+㉑+㉒+㉗)		㉘	△15,000,000	15,000,000
相続時精算課税適用財産の価額		㉙		
不動産等の価額 (⑥+⑨+⑩+⑮+⑯+㉙)		㉚	0	0
㉚のうち株式等納税猶予対象の株式等の価額の80%の額		㉛		
⑰のうち株式等納税猶予対象の株式等の価額の80%の額		㉜		
㉚のうち特例株式等納税猶予対象の株式等の価額		㉝		
⑰のうち特例株式等納税猶予対象の株式等の価額		㉞		
債務等	債務	㉟		
	葬式費用	㊱		
	合計(㉟+㊱)	㊲		
差引純資産価額 (㉘+㉙-㊲) (赤字のときは0)		㊳	0	15,000,000
純資産価額に加算される暦年課税分の贈与財産価額		㊴		
課税価格 (㊳+㊴) (1,000円未満切捨て)		㊵	000	000

㉖その他に金額を記入します

※税務署整理欄　申告区分　年　名簿番号　申告年月日　グループ番号

第15表(続)(平30.7)　(資4-20-16-2-A4統一)

STEP3　第13表の作成

■第13表の記入方法
（1）記入例（P171）を参考に、1「債務の明細」に必要事項を埋めます。まず、「種類」と「細目」を記入します。「細目」は以下を参考にして下さい。

①公租公課
所得税、市町村民税、固定資産税などの税目とその年度を記入
例）令和〇〇年度固定資産税
②借入金
当座借越、証書借入れ、手形借入れなどの借入種類を記入
③未払金
未払金の発生原因を記入
例）水道光熱費
④買掛金
記入の必要なし
⑤その他
債務の内容を記入

（2）記入例（P171）を参考に、2「葬式費用の明細」に必要事項を埋めます。
（3）負担者ごとの債務と葬式費用の金額と、その合計額を記入します。その後、（各人の合計）欄に全員の合計金額を記入します。

ソフトを使う場合　第13表を作成するための情報を入力

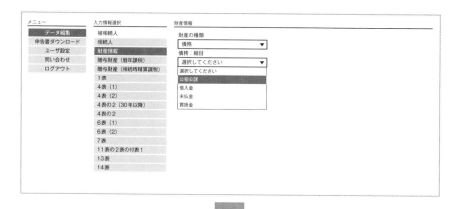

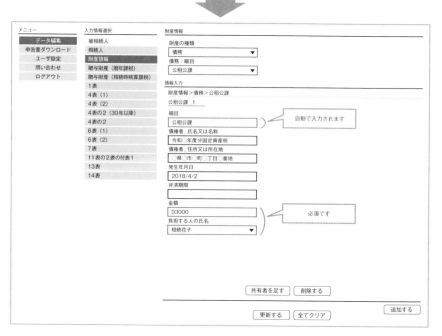

■第13表の記入例

債務及び葬式費用の明細書

被相続人　相続太郎

第13表（平成30年分以降用）

1　債務の明細
（この表は、被相続人の債務について、その明細と負担する人の氏名及び金額を記入します。）

(1)

債務の明細					負担することが確定した債務	
種類・細目	債権者 氏名又は名称	住所又は所在地	発生年月日	弁済期限	金額	負担する人の氏名	負担する金額
公租公課 令和　年度分 固定資産税	○○市役所	○県○市○町○丁目 ○番地	1・4・2		93,000 円	相続花子	93,000 円
公租公課 令和　年度分 住民税	○○市役所	○県○市○町○丁目 ○番地	1・6・1		52,000	相続花子	52,000

合計

2　葬式費用の明細
（この表は、被相続人の葬式に要した費用について、その明細と負担する人の氏名及び金額を記入します。）

(2)

葬式費用の明細				負担することが確定した葬式費用	
支払先 氏名又は名称	住所又は所在地	支払年月日	金額	負担する人の氏名	負担する金額
○○葬儀社	○県○市○町○丁目 ○番地	31・1・5	913,000 円	相続花子	913,000 円

合計

3　債務及び葬式費用の合計額

(3)

債務などを承継した人の氏名			（各人の合計）	相続花子			
債務	負担することが確定した債務	①	145,000 円	145,000 円	円	円	円
	負担することが確定していない債務	②	0				
	計（①+②）	③	145,000	145,000			
葬式費用	負担することが確定した葬式費用	④	913,000	913,000			
	負担することが確定していない葬式費用	⑤	0				
	計（④+⑤）	⑥	913,000	913,000			
合計（③+⑥）		⑦	1,058,000	1,058,000			

(注)　1　各人の⑦欄の金額を第1表のその人の「債務及び葬式費用の金額③」欄に転記します。
　　　2　③、⑥及び⑦欄の金額を第15表の㉝、㊱及び㊲欄にそれぞれ転記します。

第13表（平30.7）　　　　　　　　　　　　　　　　　　　　　（資4-20-14-A4統一）

STEP4　第15表の作成

■第15表の記入方法

（1）財産を取得した人の氏名を記入します。2人以上いる場合、2人目からは「第15表　相続財産の種類別価格表（続）」に記入します。

（2）「細目」ごとに財産の価額を記入します。①〜⑥、⑨〜㉘は第11表を参考に、各人が取得した財産の「価額」を「細目」別に合計して、記入していきます。
　　　記入が終わったら、第15表の㉘の金額が、第11表の「合計表」の③の金額と一致しているかどうかを確認してください。

（3）㉘には全財産の価額の合計を、㉚には不動産の価額の合計を、それぞれ計算して記入します。㉙には、相続時精算課税制度適用財産の価額を記入します。

（4）第13表の各人の③⑥⑦の金額を、第15表の㉟㊱㊲に転記します。

（5）差引純資産価格を計算して、㊳に記入します。引き算の結果が赤字になる場合は「0」と記入します。

（6）第14表の各人の④の金額を、第15表の㊴に転記します。

（7）課税価格を計算して、㊵に記入します。1,000円未満は切り捨てます。

（8）「各人の合計」は最後に記入してください。

　ソフトでは、特に記入は必要ありません。財産情報が入力されていれば、自動で作成されます。

■第15表の記入例

相続財産の種類別価額表 (この表は、第11表から第14表までの記載に基づいて記入します。)

被相続人：相続太郎　　(1) FD3537
(氏名) 相続花子

第15表（平成30年分以降用）

種類	細目	番号	各人の合計 (8)相続人	(2)
土地（土地の上に存する権利を含みます。）	田	①	0	
	畑	②	0	
	宅地	③	48,208,986	39,458,986
	山林	④	0	
	その他の土地	⑤		
	計	⑥	48,208,986	39,458,986
⑥のうち特例農地等	通常価額	⑦		(2)
	農業投資価格による価額	⑧		
家屋、構築物		⑨	8,034,300	7,082,300
事業（農業）用財産	機械、器具、農耕具、その他の減価償却資産	⑩		
	商品、製品、半製品、原材料、農産物等	⑪		
	売掛金	⑫		
	その他の財産	⑬		
	計	⑭		
有価証券	特定同族会社の株式及び出資	配当還元方式によったもの	⑮		
		その他の方式によったもの	⑯		
	⑮及び⑯以外の株式及び出資	⑰	1,104,500	
	公債及び社債	⑱		
	証券投資信託、貸付信託の受益証券	⑲	10,000,000	
	計	⑳	11,104,500	
現金、預貯金等		㉑	31,280,000	1,210,000
家庭用財産		㉒	700,000	100,000
その他の財産	生命保険金等	㉓	0	
	退職手当金等	㉔	0	
	立木	㉕	3,000,000	
	その他	㉖	3,000,000	0
	計	㉗	10,232,7786	47,851,286	(3)
合計（⑥＋⑨＋⑭＋⑳＋㉑＋㉒＋㉗）		㉘	18,000,000	
相続時精算課税適用財産の価額		㉙	56,243,286	46,541,286
不動産等の価額（⑥＋⑨＋⑩＋⑮＋⑯＋㉙）		㉚		
⑯のうち株式等納税猶予対象の株式等の価額の80％の額		㉛		
⑰のうち株式等納税猶予対象の株式等の価額の80％の額		㉜		
⑯のうち特例株式等納税猶予対象の株式等の価額		㉝		
⑰のうち特例株式等納税猶予対象の株式等の価額		㉞		
債務		㉟	145,000	145,000	(4)
葬式費用		㊱	913,000	913,000
合計（㉟＋㊱）		㊲	1,058,000	1,058,000
差引純資産価額（㉘＋㉙－㊲）（赤字のときは0）		㊳	119,269,786	46,793,286	(5)
純資産価額に加算される暦年課税分の贈与財産価額		㊴	2,100,000		(6)
課税価格（㊳＋㊴）（1,000円未満切捨て）		㊵	121,369,000	46,793,000	(7)

第15表（平30.7）　　　　　　　　　　　　　　　（資4-20-16-1-A4統一）

■第15表の記入例（続）

相続財産の種類別価額表（続）　（この表は、第11表から第14表までの記載に基づいて記入します。）

FD3538

第15表（続）（平成30年分以降用）

（単位は円）

○この申告書は機械で読み取りますので、黒ボールペンで記入してください。

種類	細目	番号	被相続人（氏名）相続一郎	（氏名）法務春子
土地（土地の上に存する権利を含みます。）	田	①		
	畑	②		
	宅地	③	8 750 000	
	山林	④		
	その他の土地	⑤		
	計	⑥	8 750 000	
	⑥のうち特例農地等 通常価額	⑦		
	農業投資価格による価額	⑧		
家屋、構築物		⑨	952 000	
事業（農業）用財産	機械、器具、農耕具、その他の減価償却資産	⑩		
	商品、製品、半製品、原材料、農産物等	⑪		
	売掛金	⑫		
	その他の財産	⑬		
	計	⑭		
有価証券	特定同族会社の株式及び出資 配当還元方式によったもの	⑮		
	その他の方式によったもの	⑯		
	⑮及び⑯以外の株式及び出資	⑰	939 500	
	公債及び社債	⑱		
	証券投資信託、貸付信託の受益証券	⑲	10 000 000	
	計	⑳	10 939 500	
現金、預貯金等		㉑	28 070 000	1 000 000
家庭用財産		㉒	600 000	
その他の財産	生命保険金等	㉓	0	
	退職手当金等	㉔		
	立木	㉕		
	その他	㉖	3 000 000	
	計	㉗	3 000 000	
合計（⑥+⑨+⑭+⑳+㉑+㉒+㉗）		㉘	52 311 500	1 000 000
相続時精算課税適用財産の価額		㉙	18 000 000	
不動産等の価額（⑥+⑨+⑩+⑮+⑯+㉙）		㉚	9 702 000	
㉚のうち株式等納税猶予対象の株式等の価額の80％の額		㉛		
⑰のうち株式等納税猶予対象の株式等の価額の80％の額		㉜		
⑯のうち特例株式等納税猶予対象の株式等の価額		㉝		
⑰のうち特例株式等納税猶予対象の株式等の価額		㉞		
債務等	債務	㉟		
	葬式費用	㊱		
	合計（㉟+㊱）	㊲		
差引純資産価額（㉘+㉙－㊲）（赤字のときは0）		㊳	70 311 500	1 000 000
純資産価額に加算される暦年課税分の贈与財産価額		㊴		1 600 000
課税価格（㊳+㊴）（1,000円未満切捨て）		㊵	70 311 000	2 600 000

※の項目は記入する必要がありません。

第15表（続）（平30.7）

■第15表の記入例（続）

種類	細目	番号	相続二郎	（氏名）
土地（土地の上に存する権利を含みます。）	田	①		
	畑	②		
	宅地	③		
	山林	④		
	その他の土地	⑤		
	計	⑥		
	⑥のうち通常価額	⑦		
	特例農地等の農業投資価格による価額	⑧		
家屋、構築物		⑨		
事業（農業）用財産	機械、器具、農耕具、その他の減価償却資産	⑩		
	商品、製品、半製品、原材料、農産物等	⑪		
	売掛金	⑫		
	その他の財産	⑬		
	計	⑭		
有価証券	特定同族会社の株式及び出資	配当還元方式によったもの	⑮	
		その他の方式によったもの	⑯	
	⑮及び⑯以外の株式及び出資	⑰	165000	
	公債及び社債	⑱		
	証券投資信託、貸付信託の受益証券	⑲		
	計	⑳	165000	
現金、預貯金等		㉑	1000000	
家庭用財産		㉒		
その他の財産	生命保険金等	㉓	0	
	退職手当金等	㉔		
	立木	㉕		
	その他	㉖		
	計	㉗	0	
合計（⑥+⑨+⑭+⑳+㉑+㉒+㉗）		㉘	1165000	
相続時精算課税適用財産の価額		㉙		
不動産等の価額（⑥+⑨+⑩+⑮+⑯+㉕）		㉚		
⑮のうち株式等納税猶予対象の株式等の価額の80％の額		㉛		
⑰のうち株式等納税猶予対象の株式等の価額の80％の額		㉜		
⑯のうち特例株式等納税猶予対象の株式等の価額		㉝		
⑰のうち特例株式等納税猶予対象の株式等の価額		㉞		
債務葬式費用等	債務	㉟		
	葬式費用	㊱		
	合計（㉟+㊱）	㊲		
差引純資産価額（㉘+㉙-㊲）（赤字のときは0）		㊳	1165000	
純資産価額に加算される暦年課税分の贈与財産価額		㊴	500000	
課税価格（㊳+㊴）（1,000円未満切捨て）		㊵	1665000	000

第15表（続）（平成30年分以降用）

STEP5　第1表と第2表の作成

① 第1表の作成（1）

■第1表の記入方法（1）
（1）まず、⑥「課税価格」までを記入していきます。
（2）申告書を提出する税務署と、申告書を提出する年月日を記入します。
（3）相続開始年月日（被相続人の亡くなった日）を記入します。
（4）記入例（P177）を参考に、被相続人と相続人の必要事項を埋めます。
（5）取得理由で該当するものに丸をつけます。「相続」がおおかたですが、相続人以外が遺言で財産を取得する場合は、「遺贈」に丸をします。「相続時精算課税制度に係る贈与」は、「相続」と併用することができます。
（6）①～⑤を、それぞれ計算して記入します。
・①「取得財産の価額」には、「第11表合計表の③」の価額を転記します。
・③「債務及び葬式費用の金額」には、「第13表3⑦」の価額を転記します。
・④「純資産価額」には、「①+②-③」を計算した結果を記入します。引き算の結果が赤字になる場合には、「0」を記入します。
・⑤「純資産価額に加算される暦年課税分の贈与財産価額」には、「第14表1④」の金額を転記します。
・⑥「課税価格」には、「④+⑤」を計算した結果を記入します。
（7）各人ごとの記入が終わったら、（7）に各人の合計額を記入します。

　ソフトでは、特に記入は必要ありません。財産情報が入力されていれば、自動で作成されます。

■第1表（1）の記入例

相続税の申告書の記入例（平成31年1月1日相続開始）

被相続人：相続太郎（昭和19年1月1日生、年齢75歳）、不動産賃貸業
財産を取得した人：相続花子（昭和20年1月1日生、年齢74歳）、妻、無職

項目	各人の合計	財産を取得した人
取得財産の価額（第11表③）	102,327,786	47,851,286
相続時精算課税適用財産の価額（第11の2表1⑦）	18,000,000	
債務及び葬式費用の金額（第13表3⑦）	1,058,000	1,058,000
純資産価額（①+②-③）（赤字のときは0）	119,269,786	46,793,286
純資産価額に加算される暦年課税分の贈与財産価額（第14表1④）	2,100,000	
課税価格（④+⑤）（1,000円未満切捨て）	121,369,000 Ⓐ	46,793,000
法定相続人の数及び遺産に係る基礎控除額	000,000 Ⓑ	
相続税の総額	00	
あん分割合	1.00	

（※様式の各種控除・納付税額欄は空欄）

177

■第1表（1）の記入例（続）

		相続一郎	法務春子
フリガナ		ソウゾク イチロウ	ホウム ハルコ
氏名		相続一郎	法務春子
生年月日		昭和45年 1月 1日（年齢 49歳）	昭和50年 1月 1日（年齢 44歳）
住所		○県○市○町○丁目○番地	○県○市○町○丁目○番地
（電話番号）		000－000－0000	000－000－0000
職業		長男 無職	長女 会社員
取得原因		相続・遺贈・相続時精算課税に係る贈与	相続・遺贈・相続時精算課税に係る贈与

申告書番号 FD3560

取得財産の価額（第11表③）	① 52,311,500
相続時精算課税適用財産の価額（第11の2表1⑦）	② 18,000,000
債務及び葬式費用の金額（第13表3⑦）	③
純資産価額（①+②-③）（赤字のときは0）	④ 70,311,500
純資産価額に加算される暦年課税分の贈与財産価額（第14表1④）	⑤
課税価格（④+⑤）（1,000円未満切捨て）	⑥ 70,311,000

①	1,000,000
②	
③	
④	1,000,000
⑤	1,600,000
⑥	2,600,000

第1表（続）（平成30年分以降用）

（20） 0 0 ／ 0 0
（22） 0 0 ／ 0 0
（23） 0 0 ／ 0 0
（24） 0 0 ／ 0 0
（25） 0 0 ／ 0 0
（27） 0 0 ／ 0 0

② 第2表の作成

■第2表の記入方法

（1）①「課税価格の合計額」の㋑に、「第1表⑥Ⓐ」の価額を転記します。
（2）記入例（P180）を参考に、法定相続人の情報と、法定相続分を埋めます。
（3）②「遺産に係る基礎控除額」の㋺に、Ⓐの法定相続人の数を記入、計算した基礎控除額を㋩に記入します。
（4）「㋑-㋩」を計算して、③「課税遺産総額」の㋥に記入します。
（5）⑥「法定相続分に応ずる取得金額」には、「㋥×⑤」を計算して記入します。
（6）⑥「法定相続分に応ずる取得金額」を、第2表下部の「相続税の速算表」に照らし合わせ、⑦「相続税の総額の基となる税額」を算出します。

例）相続花子：

（法定相続分に応ずる取得金額）（速算表より）（控除額）　　（相続税の総額の基となる税額）
33,684,000円× 20% － 2,000,000円 = 4,736,800円

（7）各人ごとの記入が終わったら、（7）に各人の合計額を記入します。

ソフトでは、特に記入は必要ありません。相続人と被相続人の項目が入力されていれば、自動で作成されます。

■第2表の記入例

相続税の総額の計算書

被相続人　相続太郎

第2表（平成27年分以降用）

この表は、第1表及び第3表の「相続税の総額」の計算のために使用します。
なお、被相続人から相続、遺贈や相続時精算課税に係る贈与によって財産を取得した人のうちに農業相続人がいない場合は、この表の㋐欄及び㋑欄並びに⑨欄から⑪欄までは記入する必要がありません。

①課税価格の合計額	②遺産に係る基礎控除額	③課税遺産総額
(1) 第1表㋐ 121,369,000 円	3,000万円 + (600万円 × ㋓法定相続人の数 4人) = ㋑ 5400万円	(3) ㋒ (㋐−㋑) 67,369,000 円
第3表㋐ ,000 円	㋓の人数及び㋑の金額を第1表㋑へ転記します。	㋒ (㋑−㋐) ,000 円

④法定相続人 (注)1参照		⑤左の法定相続人に応じた法定相続分	第1表の「相続税の総額⑦」の計算		第3表の「相続税の総額⑦」の計算	
氏名	被相続人との続柄		(5) ⑥法定相続分に応ずる取得金額 (㋒×⑤) (1,000円未満切捨て)	(6) ⑦相続税の総額の基となる税額 (⑥×⑤) 下の「速算表」で計算します。	⑨法定相続分に応ずる取得金額 (㋒×⑤) (1,000円未満切捨て)	⑩相続税の総額の基となる税額 下の「速算表」で計算します。
相続花子	妻	1/2	33,684,000 円	4,736,800 円	,000 円	円
相続一郎	長男	1/6	11,228,000	1,184,200	,000	
法務春子	長女	1/6	11,228,000	1,184,200	,000	
相続二郎	養子	1/6	11,228,000	1,184,200	,000	
			,000		,000	
			,000		,000	
			,000		,000	
			,000	(7)	,000	
法定相続人の数	㋓ 人 合計 1		⑧相続税の総額 (⑦の合計額) (100円未満切捨て) 8,289,400		⑪相続税の総額 (⑩の合計額) (100円未満切捨て) 00	

（注）1　④の記入に当たっては、被相続人に養子がある場合や相続の放棄があった場合には、「相続税の申告のしかた」をご覧ください。
　　　2　⑧欄の金額を第1表⑦欄へ転記します。財産を取得した人のうちに農業相続人がいる場合は、⑧欄の金額を第1表⑦欄へ転記するとともに、⑪欄の金額を第3表⑦欄へ転記します。

相続税の速算表

法定相続分に応ずる取得金額	10,000千円以下	30,000千円以下	50,000千円以下	100,000千円以下	200,000千円以下	300,000千円以下	600,000千円以下	600,000千円超
税率	10%	15%	20%	30%	40%	45%	50%	55%
控除額	ー千円	500千円	2,000千円	7,000千円	17,000千円	27,000千円	42,000千円	72,000千円

この速算表の使用方法は、次のとおりです。
⑥欄の金額×税率ー控除額＝⑦欄の税額　　　⑨欄の金額×税率ー控除額＝⑩欄の税額
例えば、⑥欄の金額30,000千円に対する税額（⑦欄）は、30,000千円×15％ー500千円＝4,000千円です。

○連帯納付義務について
　相続税の納付については、各相続人等が相続、遺贈や相続時精算課税に係る贈与により受けた利益の価額を限度として、お互いに連帯して納付しなければならない義務があります。

第2表（平28.7）　　　　　　　　　　　　　　　　　　　　　　　　（資4−20−3−A4統一）

③ 第1表（2）の作成

■第1表（2）の記入方法
（1）P176の続きから、⑨「算出税額」までを記入していきます。
（2）「法定相続人の数」には第2表の②の回を、「遺産に係る基礎控除額」のⒷには、第2表の②のⒽを転記します。
（3）⑦「相続税の総額」には、第2表の⑧「相続税の総額」を転記します。
（4）⑦「相続税の総額」を、実際に相続する遺産の割合で按分して、各人に振り分けていきます。按分割合については、下記のPOINTを参照してください。
（5）⑦「相続税の総額」に⑧「あん分割合」で算出した按分割合をかけて、各人の税額を算出します。
（6）各人ごとの記入が終わったら、⑨に各人の合計額を記入します。

　ソフトでは、特に記入は必要ありません。相続人と被相続人の項目が入力されていれば、自動で作成されます。

> **POINT　按分割合について**
>
> 　各人の取得した財産の割合に応じて、支払う税金額が決まります。つまり、相続税の総額に各相続人が受け取った財産の割合を掛けることで、各相続人が支払う納税額が決まるのです。この割合を「按分割合」と言います。按分割合について、基本的には小数点以下2桁以上の数字まで算出すれば問題ありませんが、正確を期すのであれば、小数点以下10桁まで計算しておくと、計算がズレることはほぼありません。
>
> 　小数点以下2桁の場合、相続人の誰かに端数の寄りがある場合が出てきます。税額が大きいと、数万円から10万円といった金額でズレが生じ、もめる原因になることもあります。
>
> 　また、按分割合の端数の処理は比較的自由に行うことができますが、全ての割合の合計が1である必要があります。

■第1表（2）の記入例

項目	各人の合計	財産を取得した人
（被相続人）フリガナ	ソウゾク タロウ	ソウゾク ハナコ
氏名	相続太郎	相続花子
生年月日	昭和19年 1月 1日（年齢 75 歳）	昭和20年 1月 1日（年齢 74 歳）
住所	○県○市○町○丁目○番地	○県○市○町○丁目○番地
（電話番号）		（000 － 000 － 0000）
被相続人との続柄 職業	不動産賃貸業	妻　無職
取得原因	該当する取得原因を○で囲みます。	相続・遺贈・相続時精算課税に係る贈与

	区分	各人の合計	財産を取得した人
課税価格の計算	① 取得財産の価額（第11表③）	102377786	47851286
	② 相続時精算課税適用財産の価額（第11の2表1⑦）	18000000	
	③ 債務及び葬式費用の金額（第13表3⑦）	1058000	1058000
	④ 純資産価額（①+②-③）（赤字のときは0）	119269786	46793286
	⑤ 純資産価額に加算される暦年課税分の贈与財産価額（第14表1④）	2100000	
	⑥ 課税価格（④+⑤）（1,000円未満切捨て）(2)	121369000 Ⓐ	46793000
各人の算出税額の計算	⑦ 法定相続人の数及び遺産に係る基礎控除額 (3)	4人 54000000 Ⓑ	左の欄には、第2表の②欄の近くの人数及びⒷの金額を記入します。
	⑧ 相続税の総額	8289400	左(4)には、第2表の⑧欄の金額を記入します。
	⑨ 一般の場合（⑩欄の場合を除く） あん分割合 (各人の⑥)/Ⓐ	1.00	0.3855432607
	算出税額 (⑨×各人の⑨)	8289398	3195922
	⑩ 農地等納税猶予の適用を受ける場合 算出税額 (第3表⑦)	(6)	(5)

（以下、税額控除・納付税額の計算欄は空欄）

項目	各人の合計	財産を取得した人
㉑ 相続税額の2割加算が行われる場合の加算金額（第4表1⑦）		
⑫ 暦年課税分の贈与税額控除額（第4表の2⑧）		
⑬ 配偶者の税額軽減額（第5表○又は○）		
⑭ 未成年者控除額（第6表1②、③又は⑥）		
⑮ 障害者控除額（第6表2②、③又は⑥）		
⑯ 相次相続控除額（第7表③又は⑱）		
⑰ 外国税額控除額（第8表1⑧）		
⑱ 計		
⑲ 差引税額 (⑨+⑪-⑱)又は(⑩+⑪-⑱)（赤字のときは0）		
⑳ 相続時精算課税分の贈与税額控除額（第11の2表1⑧）	00	00
㉑ 医療法人持分税額控除額（第8の4表2B）		
㉒ 小計 (⑲-⑳-㉑)（黒字のときは100円未満切捨て）		
㉓ 農地等納税猶予税額（第8表2⑦）	00	00
㉔ 株式等納税猶予税額（第8の2表2A）	00	00
㉕ 特例株式等納税猶予税額（第8の2の2表2A）	00	00
㉖ 山林納税猶予税額（第8の3表2B）	00	00
㉗ 医療法人持分納税猶予税額（第8の4表2A）	00	00
㉘ 申告期限までに納付すべき税額	00	00
㉙ 還付される税額		

■第1表（2）の記入例（続）

相続税の申告書（続）

STEP6 　各種控除の反映

　配偶者控除を使う場合は「第5表」、未成年者控除・障害者控除を使う場合は「第6表」など、各相続人の必要に応じて、第4表～第7表を記入します。

相続税の申告書	帳表名
第4表	相続税額の加算金額の計算書
第5表	配偶者の税額軽減額の計算書
第6表	未成年者控除額・障害者控除額の計算書
第7表	相次相続控除額の計算書

① 　第4表の作成

■2割加算とは

　財産を取得した人の続柄によっては、第1表と第2表で計算して求めた相続税額が2割増しになることがあります。これを、「2割加算」と言います。
　2割加算の対象になるのは以下です。

■2割加算の対象者

被相続人との関係	備考
兄弟姉妹	二親等の血族であるため2割加算の対象
甥や姪	三親等の血族であるため2割加算の対象
内縁の妻や愛人など	血族関係のない人への遺贈は2割加算の対象
孫養子	相続税法では「一親等の血族」ではないため2割加算の対象

※ただし代襲相続人となった孫養子は2割加算の対象外となります。

■第4表の記入方法

右の記入例を参照。
ソフトでは、特に記入は必要ありません。相続人と被相続人の項目が入力されていれば、自動で作成されます。

■第4表の記入例

相続税額の加算金額の計算書

被相続人　相続太郎

第4表（平成28年分以降用）

1　相続税額の加算金額の計算

　この表は、相続、遺贈や相続時精算課税に係る贈与によって財産を取得した人のうちに、被相続人の一親等の血族（代襲して相続人となった直系卑属を含みます。）及び配偶者以外の人がいる場合に記入します。
　なお、相続や遺贈により取得した財産のうちに、租税特別措置法第70条の2の3（直系尊属から結婚・子育て資金の一括贈与を受けた場合の贈与税の非課税）第10項第2号に規定する管理残額がある人は、下記「2　加算の対象とならない相続税額の計算（管理残額がある場合）」を作成します。
　（注）一親等の血族であっても相続税額の加算の対象となる場合があります。詳しくは「相続税の申告のしかた」をご覧ください。

加算の対象となる人の氏名		相続二郎			
各人の税額控除前の相続税額 （第1表⑨又は第1表⑩の金額）	①	113,718 円	円	円	円
相続開始の時において被相続人の一親等の血族であった孫で当該被相続人から相続時精算課税に係る贈与によって財産を取得した人の相続税額	②				
被相続人から相続、遺贈や相続時精算課税に係る贈与によって取得した財産などの価額で相続税額に算入された金額の価額（第1表①＋第1表②＋第1表③）	③				
加算の対象とならない相続税額 （②×①／③）	④				
管理残額がある場合	加算の対象とならない相続税額 （下記2の⑬の金額）	⑤				
相続税額の加算金額 （①×0.2） ただし、上記②〜⑤がある場合には、 （①-③-⑤）×0.2となります。	⑥	22,743			

各人の税額控除前の相続税額（第1表⑨又は第1表⑩の金額）

各人の⑥欄の金額を第1表のその人の「相続税額の2割加算が行われる場合の加算金額⑪」欄に転記します。

（注）1　相続時精算課税適用者である孫が相続開始の時までに被相続人の養子となった場合には、「相続時精算課税に係る贈与を受けている人で、かつ、相続開始の時までに被相続人との続柄に変更があった場合」には含まれませんので②から④欄の記入は不要です。
　　　2　各人の⑥欄の金額を第1表のその人の「相続税額の2割加算が行われる場合の加算金額⑪」欄に転記します。

2　加算の対象とならない相続税額の計算（管理残額がある場合）

　この表は、加算の対象となる人のうちで、租税特別措置法第70条の2の3（直系尊属から結婚・子育て資金の一括贈与を受けた場合の贈与税の非課税）第10項第2号に規定する管理残額で被相続人から相続や遺贈により取得したものとみなされたものがある人が記入します。

加算の対象となる人の氏名					
各人の税額控除前の相続税額 （第1表⑨又は第1表⑩の金額）	⑦	円	円	円	円
被相続人から相続や遺贈により取得したものとみなされる管理残額	⑧				
被相続人から相続、遺贈や相続時精算課税に係る贈与によって取得した財産で相続税の課税価格に算入された財産の価額（第1表①・第1表②）	⑨				
債務及び葬式費用の金額 （第1表③）	⑩				
⑨-⑩（赤字のときは0）	⑪				
被相続人から相続、遺贈や相続時精算課税に係る贈与によって財産を取得した人が、相続の開始前3年以内に被相続人から暦年課税に係る贈与によって取得した財産で相続税の課税価格に算入された財産の価額（第1表⑤）	⑫				
加算の対象とならない相続税額 ⑦×⑧／（⑪+⑫） （⑦を超える場合には、⑦を上限とします。）	⑬				

（注）各人の⑬欄の金額を上記「1　相続税額の加算金額の計算」のその人の⑤欄「下記「2」の⑬の金額」欄に転記します。

第4表（平28.7）

② 第5表の作成

■配偶者の税額軽減とは

　相続税には、夫婦間の相続であれば最低でも1億6,000万円までは非課税になる、「配偶者の税額軽減」という制度があります。小規模宅地の特例と同じように、この特例も申告しないと使えない点に注意です。「遺産は1億円ぐらいだし、『すべて配偶者に』という遺言もあるから申告しなくても大丈夫」と楽観してはいけません。たとえ、相続税が0円になるとしても、それはあくまでも特例を「使い」相続税の申告をしたうえでのことです。申告は忘れないようにしましょう。

■配偶者の税額軽減のポイント

　配偶者に相続税がかからないのは以下の2つの場合です。

（1）配偶者の取得財産が1億6,000万円以下の場合
（2）配偶者の取得財産が1億6,000万円以上で法定相続分以下の場合

　例1）財産総額が10億円で、配偶者の法定相続分が2分の1の場合
　配偶者は5億円までなら相続しても、相続税はかかりません。
　6億円相続した場合は、超えた1億円分に相続税がかかります。

　例2）財産総額が2億円で、配偶者の法定相続分が2分の1の場合
　配偶者は1億6,000万円までは相続税はかかりません。全額の2億円相続した場合は、1億6,000万円を超えた4,000万円に相続税がかかります。

■配偶者の法定相続分

相続人	法定相続分		備考
配偶者と子	配偶者	1/2	
	子	1/2	子の人数で1/2を等分 例）子2人の場合は1/4ずつ
配偶者と直系尊属 （両親や祖父母）	配偶者	2/3	
	直系尊属	1/3	直系尊属の人数で1/3を等分 例）両親2人の場合は1/6ずつ
配偶者と兄弟姉妹	配偶者	3/4	
	兄弟姉妹	1/4	兄弟姉妹の人数で1/4を等分 例）兄弟2人の場合は1/8ずつ

■第5表の記入方法

（1）「第1表のⒶの金額」と、「配偶者の法定相続分」を記入します。
（2）㋑に、（1）で求めた「課税価格の合計額のうち配偶者の法定相続分相当額」と1億6,000万円のどちらか多いほうの金額を記入します。
（3）①「分割財産の価額」に、「第11表の配偶者の①の金額」を転記します。②「債務及び葬式費用の金額」には、「第11表の配偶者の③の金額」を転記します。②「未分割財産の価額」には、「第11表の配偶者の②の金額」を転記します。④には、「②-③」を計算して記入します。⑤「純資産価額に加算される暦年課税分の贈与財産価額」には、「第1表の配偶者の⑤の金額」を転記します。⑥には、「①-④+⑤」の金額を記入し、1,000円未満は切り捨てます。
（4）⑦「相続税の総額」に、「第1表の⑦の金額」を転記します。⑧には、「㋑の金額と⑥の金額のうちいずれか少ない方の金額」を記入します。⑨「課税価格の合計額」には、「第1表のⒶ」を転記します。⑩には、「⑦×⑧÷⑨」を計算して記入します。
（5）「第1表の配偶者の⑨又は⑩の金額」と、「第1表の配偶者の⑫の金額」を記入し、計算結果を㋺に記入してください。
（6）㋩には、「⑩の金額と㋺の金額のうちいずれか少ない方の金額」を記入します。

③ 第6表の作成

■未成年者控除について

未成年者控除とは、相続開始時に20歳未満である未成年者を対象とした控除制度です。20歳になるまでの1年当たり、10万円の税額控除が受けられます。たとえば、10歳の子供が相続人だった場合、未成年者控除を使うと、10万円×10年間＝100万円が控除されます。

それほど大きな額には感じませんが、税額100万円が控除されるということはつまり、相続税の税率は最低10％ですから、財産でいうと1,000万円分が非課税になる計算です。

なお、令和4年（2022年）4月1日から成人年齢が引き下げられます。それにともない、未成年者控除の対象も18歳未満へと変わります。

■障害者控除について

障害者控除とは、相続開始時に85歳未満である障害者を対象とした控除制度です。85歳になるまでの1年当たり、10万円の税額控除が受けられます。障害がより重度だとみなされる特別障害者の場合は、1年当たり20万円が控除されます。

申告の際には、障害者手帳、もしくは役所が発行する障害者証明書が必要です。

■未成年者控除と障害者控除のポイント

（1）控除額は割り振りできる

未成年者控除と障害者控除は、控除額が対象者の相続税額よりも多い場合、扶養義務者（配偶者、直系血族および兄弟姉妹ほか、3親等内の親族のうち一定の人）に、控除額を割り振りすることができます。

（2）対象者が相続しないと利用できない

制度の対象となる、未成年者や障害者にまったく財産分与されなかった場合、控除は利用できません。

（3）基本的に控除は一生に一度しか使えないと考える

控除は、相続のたびに何度も使えるものではありません。たとえば、相続人は10歳のときに未成年者控除を使って、控除額の満額である100万円を税額か

ら控除したとします。その2年後、立て続けに相続が発生して、12歳になった相続人が再び未成年者控除を使用しようとしても、それは不可能なのです。

ただ、前回の相続時に控除額を使い切らず、控除の枠に残りがあった場合はその分使うことができます。

■第6表の記入方法

P190の記入例を参照。

ソフトでは、特に記入は必要ありません。相続人と被相続人の項目が入力されていれば、自動で作成されます。

■第6表の記入例

未成年者控除額 障害者控除額 の計算書

第6表（平成27年分以降用）

被相続人　相続太郎

1　未成年者控除

この表は、相続、遺贈や相続時精算課税に係る贈与によって財産を取得した法定相続人のうちに、満20歳にならない人がいる場合に記入します。

未成年者の氏名					計
年齢（1年未満切捨て）①	歳	歳	歳	歳	
未成年者控除額 ②	10万円×（20歳－　　歳） 0,000円	10万円×（20歳－　　歳） 0,000円	10万円×（20歳－　　歳） 0,000円	10万円×（20歳－　　歳） 0,000円	0,000円
未成年者の第1表の（⑨＋⑪－⑫－⑬－⑭）又は（⑩＋⑪－⑫－⑬－⑭）の相続税額 ③	円	円	円	円	

(注) 1　過去に未成年者控除の適用を受けた人は、②欄の控除額に制限がありますので、「相続税の申告のしかた」をご覧ください。
　　 2　②欄の金額と③欄の金額のいずれか少ない方の金額を、第1表のその未成年者の「未成年者控除額⑯」欄に転記します。
　　 3　②欄の金額が③欄の金額を超える人は、その超える金額（②－③の金額）を次の④欄に記入します。

| 控除しきれない金額（②－③）④ | 円 | 円 | 円 | 円 | 計Ⓐ　　円 |

(扶養義務者の相続税額から控除する未成年者控除額)
　Ⓐ欄の金額は、未成年者の扶養義務者の相続税額から控除することができますから、その金額を扶養義務者間で協議の上、適宜配分し、次の⑥欄に記入します。

扶養義務者の氏名					計
扶養義務者の第1表の（⑨＋⑪－⑫－⑬－⑭）又は（⑩＋⑪－⑫－⑬－⑭）の相続税額 ⑤	円	円	円	円	円
未成年者控除額 ⑥					

(注) 各人の⑥欄の金額を未成年者控除を受ける扶養義務者の第1表の「未成年者控除額⑯」欄に転記します。

2　障害者控除

この表は、相続、遺贈や相続時精算課税に係る贈与によって財産を取得した法定相続人のうちに、一般障害者又は特別障害者がいる場合に記入します。

	一般障害者	特別障害者			計
障害者の氏名	相続一郎				
年齢（1年未満切捨て）①	49歳				
障害者控除額 ②	10万円×（85歳－　　歳） 3,600,000円				0,000円
障害者の第1表の（⑨＋⑪－⑫－⑬－⑭）又は（⑩＋⑪－⑫－⑬－⑭）の相続税額 ③	4,802,181				

　控除をうける人の情報を記入します
　10万円×（85歳－①の年齢）を計算して記入
　第1表の「⑨＋⑪－⑫－⑬－⑭」を計算して記入

(注) 1　過去に障害者控除の適用を受けた人の控除額については、税務署にお尋ねください。
　　 2　②欄の金額と③欄の金額のいずれか少ない方の金額を、第1表のその障害者の「障害者控除額⑰」欄に転記します。
　　 3　②欄の金額が③欄の金額を超える人は、その超える金額（②－③の金額）を次の④欄に記入します。

| 控除しきれない金額（②－③）④ | 円 | 円 | 円 | 円 | 計Ⓐ　　円 |

(扶養義務者の相続税額から控除する障害者控除額)
　Ⓐ欄の金額は、障害者の扶養義務者の相続税額から控除することができますから、その金額を扶養義務者間で協議の上、適宜配分し、次の⑥欄に記入します。

扶養義務者の氏名					計
扶養義務者の第1表の（⑨＋⑪－⑫－⑬－⑭）又は（⑩＋⑪－⑫－⑬－⑭）の相続税額 ⑤	円	円	円	円	円
障害者控除額 ⑥					

(注) 各人の⑥欄の金額を障害者控除を受ける扶養義務者の第1表の「障害者控除額⑰」欄に転記します。

第6表（平28.7）　　　　　　　　　　　　　　　　　　　　　　　　　　　　（資4-20-7-A4統一）

④ 第7表の作成

■相次相続控除について

相次相続控除とは、短期間に何度も課税されるのを防ぐための制度です。今回の相続の相続開始日からさかのぼって10年以内に別の相続を経験し、かつ相続税を納めていた場合、前回の相続で被相続人が納付した相続税について、期間に応じた額が控除されます。

適用期間は10年間で、1年経つごとに納めた金額に対する控除割合が10％ずつ減っていきます。つまり、前回の相続から1年未満の場合は100％、1年経過後は90％、2年経過後は80％、3年経過後は70％、となっていきます。

■相次相続控除のポイント

全体の相続税額ではなく、被相続人が納めた額が対象である点に注意です。前回の相続の相続税額が3,000万円である場合、被相続人が納めた税額が1,000万円であれば、その1,000万円が控除の対象となります。

■第7表の記入方法

（1）前回の相続の情報を記入します。
（2）①「前の相続の年月日」と②「今回の相続の年月日」を記入し、①と②の間の期間を、1年未満切り捨てで計算して、③に記入します。④には、「10年－③の年数」を計算して記入します。
（3）⑧「今回の相続、遺贈や相続時精算課税に係る贈与によって財産を取得した全ての人の純資産価額の合計額」に、「第1表の④の合計金額」を転記します。
（4）⑥、⑧、⑦、④をそれぞれ転記し、Ⓐに計算結果を記入します。
（5）今回の相続で、財産を取得した全ての相続人の情報を記入します。⑨「相次相続控除額の総額」には「上記Ⓐの金額」を、⑩「各相続人の純資産価額」には「第1表の各人の④の金額」を、⑪「相続人以外の人も含めた純資産価額の合計額」には「第1表の④の各人の合計」を、⑫には、「各人の⑩／⑧の割合」を記入していきます。⑬「各人の相次相続控除額」には、「⑨×各人の⑫の割合」を計算して記入します。

ソフトを使う場合　第7表を作成するための情報を入力

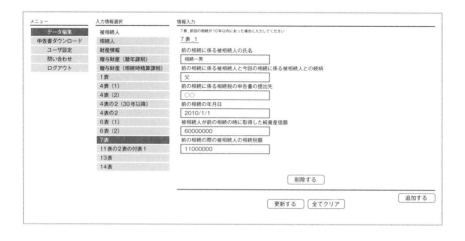

■第7表の記入例

相次相続控除額の計算書

被相続人 相続太郎

第7表(平成21年4月分以降用)

この表は、被相続人が今回の相続の開始前10年以内に開始した前の相続について、相続税を課税されている場合に記入します。

1 相次相続控除額の総額の計算

前の相続に係る被相続人の氏名	前の相続に係る被相続人と今回の相続に係る被相続人との続柄	前の相続に係る相続税の申告書の提出先
相続一男	父	○○ 税務署

① 前の相続の年月日	② 今回の相続の年月日	③ 前の相続から今回の相続までの期間(1年未満切捨て)	④ 10年 − ③ の 年 数
平成22年1月1日	平成31年1月1日	9年	1年

⑤ 被相続人が前の相続の時に取得した純資産価額(相続時精算課税適用財産の価額を含みます。)	⑥ 前の相続の際の被相続人の相続税額	⑦ (⑤−⑥) の金額	⑧ 今回の相続、遺贈や相続時精算課税に係る贈与によって財産を取得した全ての人の純資産価額の合計額(第1表の④の合計金額)
60,000,000 円	11,000,000 円	49,000,000 円	119,269,786 円

(⑥の相続税額)			相次相続控除額の総額
11,000,000 円 × (⑧の金額) 119,269,786 / (⑦の金額) 49,000,000 [注] × 1年 / 10年 =			Ⓐ 1,100,000 円

2 各相続人の相次相続控除額の計算

(1) 一般の場合
この表は、被相続人から相続、遺贈や相続時精算課税に係る贈与によって財産を取得した人のうちに農業相続人がいない場合に、財産を取得した相続人の全ての人が記入します。

今回の相続の被相続人から財産を取得した相続人の氏名	⑨ 相次相続控除額の総額	⑩ 各相続人の純資産価額(第1表の各人の④の金額)	⑪ 相続人以外の人も含めた純資産価額の合計額(第1表の④の各人の合計)	⑫ 各人の⑩の割合 ⑩/⑪	⑬ 各人の相次相続控除額(⑨×各人の⑫の割合)
相続花子	(上記Ⓐの金額) 11,000,000 円	46,793,286	119,269,786 円	0.3923314000	431,565
相続一郎		70,311,500		0.5895164000	648,468
法務春子		1,000,000		0.0083844000	9,223
相続二郎		1,165,000		0.0097678000	10,744

(2) 相続人のうちに農業相続人がいる場合
この表は、被相続人から相続、遺贈や相続時精算課税に係る贈与によって財産を取得した人のうちに農業相続人がいる場合に、財産を取得した相続人の全ての人が記入します。

今回の相続の被相続人から財産を取得した相続人の氏名	⑭ 相次相続控除額の総額	⑮ 各相続人の純資産価額(第3表の各人の①の金額)	⑯ 相続人以外の人も含めた純資産価額の合計額(第3表の①の④の各人の合計)	⑰ 各人の⑮の割合 Ⓒ	⑱ 各人の相次相続控除額(⑭×各人の⑰の割合)
	(上記Ⓐの金額) ____ 円	____ 円	Ⓒ ____ 円		____ 円

(注) 1 ⑥欄の相続税額は、相続時精算課税分の贈与税額控除後の金額をいい、その被相続人が納税猶予の適用を受けていた場合の免除された相続税額並びに延滞税、利子税及び加算税の額は含まれません。
2 各人の⑬又は⑱欄の金額を第1表のその人の「相次相続控除額⑳」欄に転記します。

第7表(平28.7)　　　　　　　　　　　　　　　　　　　　(資4−20−8−A4統一)

■第1表の記入例（完成版）

	相続税の申告書	FD3559
○○税務署長 年 月 日提出	相続開始年月日 平成31年 1月 1日	※申告期限延長日 年 月 日

	各人の合計	財産を取得した人
フリガナ	ソウゾク タロウ（被相続人）	ソウゾク ハナコ
氏名	相続太郎	相続花子 印
個人番号又は法人番号		
生年月日	昭和19年 1月 1日 (年齢 75歳)	昭和20年 1月 1日 (年齢 74歳)
住所（電話番号）	○県○市○町○丁目○番地	○県○市○町○丁目○番地（000-000-0000）
被相続人との続柄　職業	不動産賃貸業	妻　無職
取得原因	該当する取得原因を○で囲みます。	相続・遺贈・相続時精算課税に係る贈与

項目	合計	相続花子
① 取得財産の価額（第11表③）	102,327,786	47,851,286
② 相続時精算課税適用財産の価額（第11の2表1⑦）	18,000,000	
③ 債務及び葬式費用の金額（第13表3⑦）	1,058,000	1,058,000
④ 純資産価額（①+②-③）（赤字のときは0）	119,269,786	46,793,286
⑤ 純資産価額に加算される暦年課税分の贈与財産価額（第14表1④）	2,100,000	
⑥ 課税価格（④+⑤）（1,000円未満切捨て）	121,369,000 Ⓐ	46,793,000
法定相続人の数	4 54,000,000 Ⓑ	
⑦ 相続税の総額	8,289,400	
⑧ 一般の場合（あん分割合）	1.00	0.3855432607
⑨ （⑩の場合を除く）算出税額	8,289,398	3,195,922
⑩ 農地等納税猶予の適用を受ける場合		
⑪ 相続税額の2割加算が行われる場合の加算金額（第4表7）	22,743	
⑫ 暦年課税分の贈与税額控除額（第4表の2⑥）	50,000	
⑬ 配偶者の税額軽減額（第5表⑤又は⑤）	3,195,922	3,195,922
⑭ 未成年者控除額（第6表1②、③又は⑥）		
⑮ 障害者控除額（第6表2②、③又は⑥）	3,600,000	
⑯ 相次相続控除額（第7表③又は⑱）		431,565
⑰ 外国税額控除額（第8表1⑧）	100,000	
⑱ 計	7,945,922	3,627,487
⑲ 差引税額（⑨+⑪-⑱又は⑩+⑪-⑱）（赤字のときは0）	7,977,784	
⑳ 相続時精算課税分の贈与税額控除額（第11の2表⑧）	0 0	0 0
㉑ 医療法人持分税額控除額（第8の4表2B）		
㉒ 小計（⑲-⑳-㉑）（黒字のときは100円未満切捨て）		
㉓ 農地等納税猶予税額（第8表2⑦）	797,700	0 0
㉔ 株式等納税猶予税額（第8の2表2A）	0 0	0 0
㉕ 特例株式等納税猶予税額（第8の2の2表2A）	0 0	0 0
㉖ 山林納税猶予税額（第8の3表2⑧）	0 0	0 0
㉗ 医療法人持分納税猶予税額（第8の4表2A）	0 0	0 0
㉘ 申告期限までに納付すべき税額	797,700	0 0
㉙ 還付される税額		

■第1表の記入例（完成版）（続）

	財産を取得した人	財産を取得した人
フリガナ	ソウゾク イチロウ	ホウム ハルコ
氏名	相続一郎 ㊞	法務春子 ㊞
生年月日	昭和45年 1月 1日 （年齢 49歳）	昭和50年 1月 1日 （年齢 44歳）
住所	○県○市○町○丁目○番地	○県○市○町○丁目○番地
（電話番号）	（ 000 - 000 - 0000 ）	（ 000 - 000 - 0000 ）
被相続人との続柄　職業	長男　　無職	長女　　会社員
取得原因	続・遺贈・相続時精算課税に係る贈与	相続・遺贈・相続時精算課税に係る贈与

		相続一郎	法務春子
①	取得財産の価額（第11表③）	52,311,500	1,000,000
②	相続時精算課税適用財産の価額（第11の2表1⑦）	18,000,000	
③	債務及び葬式費用の金額（第13表3⑦）		
④	純資産価額（①+②-③）（赤字のときは0）	70,311,500	1,000,000
⑤	純資産価額に加算される暦年課税分の贈与財産価額（第14表1④）		1,600,000
⑥	課税価格（④+⑤）（1,000円未満切捨て）	70,311,000	2,600,000
⑦	法定相続人の数 遺産に係る基礎控除額		
⑧	相続税の総額 あん分割合	0.5793159703	0.0214222742
⑨	一般の場合（⑩の場合を除く）算出税額	4,802,181	177,577
⑩	農地等納税猶予の適用を受ける場合		
⑪	相続税額の2割加算が行われる場合の加算金額（第4表1⑦）		
⑫	暦年課税分の贈与税額控除額（第4表の2）		50,000
⑬	配偶者の税額軽減額（第5表⑤又は⑥）		
⑭	未成年者控除額（第6表1,2,3又は⑥）		
⑮	障害者控除額（第6表2,2,3又は⑥）	3,600,000	
⑯	相次相続控除額（第7表③又は⑱）	648,468	9,223
⑰	外国税額控除額（第8表1⑧）		
⑱	計	4,248,468	59,223
⑲	差引税額（⑨+⑪-⑱又は⑩+⑪-⑱）（赤字のときは0）	553,713	118,354
⑳	相続時精算課税分の贈与税額控除額（第11の2表⑧）	00	00
㉑	医療法人持分税額控除額（第8の4表2B）		
㉒	小計（⑲-⑳-㉑）（黒字のときは100円未満切捨て）	553,700	118,300
㉓	農地等納税猶予税額（第8表2⑦）	00	00
㉔	株式等納税猶予税額（第8の2表2A）	00	00
㉕	特例株式等納税猶予税額（第8の2の2表2A）		
㉖	山林納税猶予税額（第8の3表2⑧）		
㉗	医療法人持分納税猶予税額（第8の4表2A）		
	申告納税額 申告期限までに納付すべき税額 還付される税額	553,700	118,300

■第1表の記入例（完成版）（続）

		相続税の申告書(続)	FD3560

第1表（続）（平成30年分以降用）

項目	財産を取得した人	財産を取得した人
フリガナ	ソウゾク ジロウ	
氏　名	相続二郎　㊞	㊞
個人番号又は法人番号		
生年月日	昭和51年 1月 1日（年齢 43 歳）	年　月　日（年齢　歳）
住所	○県○市○町○丁目○番地	
（電話番号）	（ 000 － 000 － 0000 ）	（　－　－　）
被相続人との続柄	養子	
職業	会社員	
取得原因	相続・遺贈・相続時精算課税に係る贈与	相続・遺贈・相続時精算課税に係る贈与
整理番号		

			円	円
課税価格の計算	取得財産の価額（第11表③）	①	1165000	
	相続時精算課税適用財産の価額（第11の2表1⑦）	②		
	債務及び葬式費用の金額（第13表3⑦）	③		
	純資産価額（①+②-③）（赤字のときは0）	④	1165000	
	純資産価額に加算される暦年課税分の贈与財産価額（第14表1④）	⑤	500000	
	課税価格（④+⑤）（1,000円未満切捨て）	⑥	1665000	000
各人の算出税額の計算	法定相続人の数 遺産に係る基礎控除額			
	相続税の総額	⑦		
	一般の場合（⑩の場合を除く）	あん分割合（各人の⑥）	⑧	0 0 1 3 7 1 8 4 9 4 8
		算出税額（⑦×各人の⑧）	⑨	113718 円
	農地等納税猶予の適用を受ける場合	算出税額（第3表⑦）	⑩	
	相続税額の2割加算が行われる場合の加算金額（第4表1⑥）	⑪	22743 円	
各人の納付・還付税額の計算	税額控除額	暦年課税分の贈与税額控除額（第4表の2）	⑫	
		配偶者の税額軽減額（第5表○又は○）	⑬	
		未成年者控除額（第6表1②、3又は⑥）	⑭	
		障害者控除額（第6表2②、3又は⑥）	⑮	
		相次相続控除額（第7表③又は⑱）	⑯	10744
		外国税額控除額（第8表1⑧）	⑰	
		計	⑱	10744
	差引税額（⑨+⑪-⑱）又は（⑩+⑪-⑱）（赤字のときは0）	⑲	125717	
	相続時精算課税分の贈与税額控除額（第11の2表⑧）	⑳	00	00
	医療法人持分税額控除額（第8の4表2B）	㉑		
	小　計（⑲-⑳-㉑）（黒字のときは100円未満切捨て）	㉒		
	農地等納税猶予税額（第8表2⑦）	㉓	125700	00
	株式等納税猶予税額（第8の2表2A）	㉔	00	00
	特例株式等納税猶予税額（第8の2の2表2A）	㉕	00	00
	山林納税猶予税額（第8の3表2B）	㉖	00	00
	医療法人持分納税猶予税額（第8の4表2A）	㉗	00	00
	申告納税額 申告期限までに納付すべき税額（㉒-㉓-㉔-㉕-㉖-㉗）	㉘	125700	00
	還付される税額	㉙		

ソフトを使う場合　その他のソフトの機能

第4表

※相続時精算課税制度による贈与を受けてから続柄に変更があった場合のみ

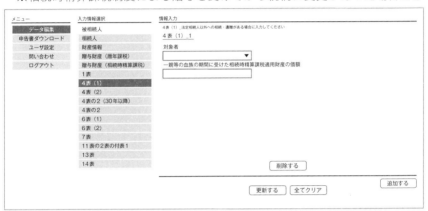

第4表

※結婚・子育て資金の一括贈与に係る管理残額がある場合のみ

ソフトを使う場合　その他のソフトの機能

第6表

※扶養義務者の相続税額から未成年者控除額を控除する場合のみ

第6表

※扶養義務者の相続税額から障害者控除額を控除する場合のみ

ソフトを使う場合　その他のソフトの機能

第13表

※負担者が確定しない債務・葬式費用がある場合のみ

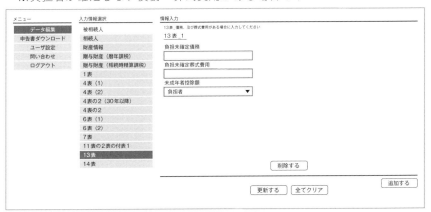

第14表

※出資持分の定めのない法人や、特定の公益法人に遺産を寄付した場合のみ

■提出前の添付書類

	必ず提出するもの
チェック欄	書類名
	相続人のマイナンバー確認書類のコピー（以下のいずれか）
	・マイナンバーカードの裏面
	・通知カードの表面
	・住民票（マイナンバーの記載のあるもの）
	相続人の身元確認書類のコピー（以下のいずれか）
	・マイナンバーカードの表面
	・運転免許証
	・身体障害者手帳
	・パスポート
	・在留カード
	・公的医療保険の被保険者証
	以下のいずれか
	・すべての相続人を明らかにする戸籍の謄本、またはそのコピー※
	・法定相続情報一覧図の写し
	以下のいずれか
	・遺産分割協議書、またはそのコピー
	・遺言書のコピー
	・相続人全員の印鑑証明書
	相続税の申告書
	・第1表
	・第2表
	・第11表
	・第13表
	・第15表

※相続開始日から10日を経過した日以後に作成されたもの

配偶者の税額軽減の適用を受ける場合に提出するもの	
チェック欄	書類名
	・申告期限後3年以内の分割見込書※
	相続税の申告書
	・第5表

※申告期限までに遺産分割が間に合わない場合

小規模宅地等の特例の適用を受ける場合に提出するもの	
チェック欄	書類名
	別居親族が適用を受ける場合
	・戸籍の附票の写し
	・相続した家屋の登記簿謄本
	・借家の賃貸借契約書
	被相続人が老人ホームに入居していた場合
	・被相続人の戸籍の附票の写し
	・要介護認定証・要支援認定証・障害福祉サービス受給者証等
	・福祉施設の入所時の契約書の写し等
	・申告期限後3年以内の分割見込書※
	相続税の申告書
	・第11・11の2表の付表1

※申告期限までに遺産分割が間に合わない場合

相続時精算課税制度を適用する相続人がいる場合	
チェック欄	書類名
	・制度適用者の戸籍の附票の写し
	・被相続人の戸籍の附票の写し
	相続税の申告書
	・第11の2表

第4章

相続税申告書の提出

　納付書は、各税務署によって書式が決められていますので、提出先の税務署のものを取り寄せましょう。
　納付書の取り寄せは、どこの税務署でも対応してくれます。税務署が忙しくない時期であれば、被相続人の名前や相続人の名前など必要事項を伝えることで、作成してくれる場合もあります。

相続税の納付

　相続税の納付は、金融機関窓口または申告書を提出する税務署で行います。また、30万円以下であれば、事前に税務署でバーコード付きの納付書を作成してもらい、コンビニエンスストアでも納付可能です。
　現金一括納付が基本でしたが、手数料はかかるものの、平成29年からインターネットを利用してクレジットカードでの納付もできるようになりました。

COLUMN

延納・物納

　亡くなった親の不動産を相続したいが、金銭的余裕がなく、相続税を現金で支払うのが難しい。そんなときは、相続を諦めるしかないのでしょうか？
　相続税には、申告期限までに一括で納税できないときの救済措置として、「延納制度」や「物納制度」があります。

延納制度
「延納」は、税金を分割払いできる制度です。ただし、延納した税額には利子税（もちろん延滞税よりは低額です）が課税されます。また、延納は誰でも使えるわけではなく、一括納税できる能力のある人は適用できないので注意です。さらに、担保を提供しなくてはいけないケースもあります。デメリットも多く、条件も厳しいので、「とりあえず延納する」というわけにはいかないのです。

物納制度
「物納」は、現金の代わりに、財産自体を相続税として納めることができる制度です。物納できる財産は被相続人から相続したものに限られます。また、注意が必要な点として、物納をする財産の価額が「相続税評価額」であることが挙げられます。相続税評価額は、一般的に、取引価額（時価）に比べて安いです。時価1億円の土地でも、相続税評価額が7,000万円なら、相続税7,000万円分にしかなりません。ですから、場合によっては物納ではなく、売却して現金化して、その現金で相続税を支払ったほうが得な場合もあります。
　こちらも延納と同じく、利子税がかかりますし、条件も厳しいため、安易に選択はできません。

　どちらの制度を利用するにしても、メリットとデメリットがありますので、税理士と相談して決めると安心です。

巻末付録

相続手続きチェックリスト

	基本の相続手続き			
	手続き	届出先・手続き先・依頼先	期限	備考
1	死亡届	市区町村役場・各種金融機関	7日以内	
2	死体火(埋)葬許可申請	故人の住所地の市区町村役場	7日以内	
3	世帯主変更届	故人の住所地の市区町村役場	14日以内	故人が世帯主の場合
4	児童扶養手当認定請求	故人の住所地の市区町村役場	14日以内	配偶者死亡で一人親になる場合
5	死亡退職届	故人の勤務先等	速やかに	故人が勤労者の場合
6	最終未払給与・死亡退職金の受給	故人の勤務先等	速やかに	故人が勤労者の場合
7	会社役員の変更登記	故人の勤務先・法務局・司法書士	14日以内	故人が会社役員の場合
8	復氏届	届出人の住所地の市区町村役場	必要に応じて	旧姓に戻る場合
9	婚姻関係終了届	届出人の住所地の市区町村役場	必要に応じて	姻族との縁を切りたい場合
10	子の氏変更許可申立	子の住所地を管轄する家庭裁判所	必要に応じて	子の氏を変更する場合
11	改葬許可申立	現在の墓地のある市区町村役場	必要に応じて	お墓を移転する場合
12	許認可の変更届	許認可の官庁	必要に応じて	診療所や旅館等許認可制の業種の場合

	社会保険等の相続手続き				
	手続き		届出先・手続き先・依頼先	期限	備考
13	健康保険	資格喪失届	故人の勤務先等	5日以内	
14	健康保険	埋葬費請求	故人の勤務先等	2年以内	
15	国民健康保険	被保険者死亡届	故人の住所地の市区町村役場	14日以内	
16	国民健康保険	葬祭費請求	故人の住所地の市区町村役場	2年以内	
17	介護保険	資格喪失届	故人の住所地の市区町村役場	14日以内	
18	労災保険	給付金請求	所轄の労働基準監督署	各種期限有	労働災害により死亡の場合等
19	国民年金	受給停止	市区町村役場	14日以内	
20	国民年金	年金受給	市区町村役場	各種期限有	遺族基礎年金・寡婦年金・死亡一時金
21	厚生年金	受給停止	年金事務所	10日以内	
22	厚生年金	年金受給	年金事務所	各種期限有	遺族基礎年金・遺族厚生年金
23	共済年金	受給停止	年金事務所	各種期限有	
24	共済年金	年金受給	年金事務所	各種期限有	遺族共済年金・葬祭料
25	高額介護費の請求・還付		故人の住所地の市区町村役場	2年以内	介護費の負担額が一定金額を超える場合
26	高額療養費の請求・還付		保険年金課等	2年以内	医療費の負担額が一定金額を超える場合
27	各種恩給の未支給金請求		総務省	5年以内	失権届は原則提出の必要なし

※個人の健康保険の被扶養者だった場合は他の親族の被扶養者になるか国民健康保険の加入手続きを行う

金融機関等の相続手続き

	手続き	届出先・手続き先・依頼先	期限	備考
28	故人の口座凍結（金融機関に死亡した旨連絡）	各種金融機関	速やかに	
29	故人の貸金庫凍結（金融機関に死亡した旨連絡）	各種金融機関	速やかに	開ける際は相続人全員の同意が必要
30	有価証券の売却・名義変更	各種金融機関	速やかに	相続には口座開設が必要
31	クレジットカードの解約	各種金融機関	速やかに	
32	公営競技の電話投票解約	JRA等	必要に応じて	
33	生命保険の解約・保険金の受給	各種生命保険会社	原則3年以内	
34	医療保険の解約・保険金の受給	各種生命保険会社	原則3年以内	
35	自動車保険の解約・名義変更	各種保険会社	必要に応じて	
36	火災保険等の解約・名義変更	各種保険会社	必要に応じて	
37	互助会積立金の受給	互助会	必要に応じて	
38	出資金の払戻・名義変更	農協・生協・各種組合等	必要に応じて	

「返却」・「解約」・「名義変更」が必要な日常の相続手続き

	手続き		届出先・手続き先・依頼先	期限	備考
39	シルバーパス	返却	故人の住所地の市区町村役場	必要に応じて	
40	パスポート	返却	旅券事務所	必要に応じて	
41	身体障害者手帳	返却	故人の住所地の市区町村役場	必要に応じて	
42	運転免許証	返却	警察署	必要に応じて	
43	IC乗車券（suica等）	返却	鉄道会社	必要に応じて	
44	TASPO	返却	日本たばこ協会	必要に応じて	
45	印鑑登録カード	返却	故人の住所地の市区町村役場	速やかに	
46	住民基本台帳カード	返却	故人の住所地の市区町村役場	速やかに	
47	マイナンバーカード	返却	故人の住所地の市区町村役場	速やかに	
48	銃砲刀剣類	名義変更	教育委員会	20日以内	銃砲刀剣類を相続した場合
49	自動車	名義変更	陸運局	必要に応じて	
50	軽自動車	名義変更	軽自動車協会	必要に応じて	
51	墓地	名義変更	墓地・霊園	必要に応じて	
52	固定電話	名義変更	NTT等	必要に応じて	
53	ケーブルテレビ	名義変更	衛星・ケーブルテレビ局	必要に応じて	
54	工業所有権（特許権等）	名義変更	特許庁	速やかに	
55	著作権	名義変更	文化庁	速やかに	複数の相続人で相続する場合のみ届け出
56	マイレージ	名義変更	航空会社	6カ月以内	故人のマイレージを遺族が引き継ぐ場合
57	携帯電話	解約・名義変更	携帯電話会社	速やかに	
58	電気	解約・名義変更	電力会社	速やかに	
59	ガス	解約・名義変更	ガス会社	速やかに	
60	水道	解約・名義変更	水道局	速やかに	
61	NHK受信料	解約・名義変更	NHK	速やかに	
62	各種会員証	解約・名義変更	各種発行会社	必要に応じて	JAF・ゴルフ・老人会・フィットネス等
63	各種レンタルサービス	解約・名義変更	各種リース会社	必要に応じて	
64	各種webサービス	解約・名義変更	プロバイダー等	必要に応じて	

不動産関係の相続手続き

	手続き		届出先・手続き先・依頼先	期限	備考
65	借地・借家	解約・名義変更	地主・家主・不動産業者	必要に応じて	
66	貸地・貸家	賃貸人の変更	賃借人	必要に応じて	
67	不動産の名義変更		司法書士	速やかに	
68	抵当権抹消登記		司法書士	必要に応じて	相続後にローンを完済した場合等
69	表題登記		土地家屋調査士	必要に応じて	相続した不動産が未登記だった場合
70	所有権保存登記		土地家屋調査士	必要に応じて	相続した不動産が未登記だった場合
71	建物滅失登記		土地家屋調査士	必要に応じて	相続した不動産を解体した場合
72	分筆登記		土地家屋調査士	必要に応じて	不動産を分割して相続する場合
73	農地相続の届け出		農業委員会	10カ月以内	
74	森林相続の届け出		市区町村役場	90日以内	

遺産分割関連の手続き

	手続き	届出先・手続き先・依頼先	期限	備考
75	遺言書の有無の確認	家庭裁判所・弁護士・司法書士	速やかに	
76	遺言書の検認・開封	家庭裁判所・弁護士・司法書士	必要に応じて	公正証書遺言以外の場合
77	遺言執行者の確認・選任	家庭裁判所・弁護士・司法書士	必要に応じて	
78	遺言内容の執行	遺言執行者	必要に応じて	
79	相続財産の調査（財産目録作成）	遺族間	速やかに	
80	貸付金・借入金の確認	貸先・借入先	必要に応じて	カードローン等
81	相続人の調査	遺族間	速やかに	
82	遺産分割協議	遺族間	必要に応じて	遺言の無い場合
83	遺産分割協議書の作成	弁護士・司法書士・行政書士	必要に応じて	遺言の無い場合
84	相続放棄・限定承認の申立	家庭裁判所	3カ月以内	
85	遺留分減殺請求	家庭裁判所	1年以内	
86	成年後見人の選任	家庭裁判所	必要に応じて	
87	特別代理人の選任	家庭裁判所	必要に応じて	
88	失踪宣告	家庭裁判所	必要に応じて	行方不明者を死亡者として扱う場合

税金関係の相続手続き

	手続き	届出先・手続き先・依頼先	期限	備考
89	所得税の準確定申告	税務署・税理士	4カ月以内	故人が所得を得ていた場合
90	相続税の申告	税務署・税理士	10カ月以内	遺産総額が基礎控除額を超える場合
91	個人事業の廃業届け出	税務署・税理士	1カ月以内	故人が事業主だった場合
92	個人事業者の死亡届け出	税務署・税理士	1カ月以内	故人が事業主だった場合
93	個人事業の開業届け出	税務署・税理士	1カ月以内	故人の事業を承継する場合

〈著者紹介〉
岡野雄志（おかの・ゆうし）

岡野雄志税理士事務所所長・税理士。早稲田大学商学部卒業。2005年、横浜市に事務所を設立。以来、相続税専門の税理士として、相続税還付や申告などの関連業務を1,100件以上手掛ける（2019年7月現在）。著書に『相続税の税務調査完全対応マニュアル』『得する相続、存する相続』（ともに幻冬舎メディアコンサルティング）、『土地評価を見直せば相続税はビックリするほど安くなる』（あさ出版）。

無料相続税申告ソフトを使って自分で相続税の申告ができる本

2019年8月26日　第1刷発行

著　者　　岡野雄志
発行人　　久保田貴幸

発行元　　株式会社 幻冬舎メディアコンサルティング
　　　　　〒151-0051 東京都渋谷区千駄ヶ谷4-9-7
　　　　　電話 03-5411-6440（編集）

発売元　　株式会社 幻冬舎
　　　　　〒151-0051 東京都渋谷区千駄ヶ谷4-9-7
　　　　　電話 03-5411-6222（営業）

印刷・製本　シナジーコミュニケーションズ株式会社
装　丁　　庭野賀代

検印廃止
© YUSHI OKANO, GENTOSHA MEDIA CONSULTING 2019
Printed in Japan
ISBN 978-4-344-92159-7 C2034
幻冬舎メディアコンサルティングHP
http://www.gentosha-mc.com/

※落丁本、乱丁本は購入書店を明記のうえ、小社宛にお送りください。送料小社負担にてお取替えいたします。
※本書の一部あるいは全部を、著作者の承諾を得ずに無断で複写・複製することは禁じられています。
定価はカバーに表示してあります。